국내여행 안내사

기출문제 정복하기

국내여행안내사
기출문제 정복하기

개정4판　발행　　2025년 01월 24일
개정5판　발행　　2026년 01월 16일

편 저 자 | 자격시험연구소
발 행 처 | ㈜서원각
등록번호 | 1999-1A-107호
주　　　소 | 경기도 고양시 일산서구 덕산로 88-45(가좌동)
교재주문 | 031-923-2051
팩　　　스 | 031-923-3815
교재문의 | 카카오톡 플러스 친구[서원각]
홈페이지 | goseowon.com

우리나라에 관광개념이 도입된 지가 벌써 반세기가 넘었다. 과거 우리나라는 6 · 25 전쟁 등으로 관광이라는 달콤한 삶이 뿌리내리기에 너무나 척박한 환경이었다. 그러나 1988년 서울올림픽과 1989년 전국민의 해외여행 자유화 및 2002년 한일월드컵 이후, 2018년 평창동계올림픽까지 성공적으로 개최하면서 우리나라 관광산업은 새로운 역사를 써나가고 있다.

한국관광공사에 따르면 코로나 영향을 받기 시작한 2020년 이후로 해외관광객은 꾸준히 증가하여 2025년 10월까지 우리나라를 방문한 해외관광객은 1,5821명으로 2024년 같은 기간 대비하여 15% 이상 증가했다. 또한 국내에서도 주5일 근무제의 정착과 소득향상, 그리고 여가에 대한 관심 증대는 앞으로 관광산업의 지속적인 발전에 긍정적인 요인으로 작용할 것으로 판단된다. 이처럼 관광에 대한 국민들의 관심은 갈수록 증대되고 있는 만큼 전문적인 가이드에 대한 요구 또한 높아지고 있다.

이에 우리나라 정부도 관광산업을 장래 유망산업으로 인식하고 우수한 관광산업 종사자 배출 및 관광산업 분야에 종사하고자 하는 수험생들을 양성하고자 국내여행안내사 자격시험을 실시하고 있다. 국내여행안내사는 국내를 여행하는 관광객을 대상으로 여행일정 계획, 여행비용 산출, 숙박시설예약, 명승지나 고적지 안내 등 여행에 필요한 각종 서비스를 제공하는 전문가를 말한다. 자격증 취득 후 여행사, 관광관련업체, 호텔에 취업하거나 프리랜서로 활동할 수 있어 그 전망 또한 밝다.

본서는 국내여행안내사 자격증 취득을 위한 기출문제집으로 최근 기출문제를 분석 · 수록하여 시험경향을 파악하고 대비할 수 있도록 하였다. 아무쪼록 관광산업에 큰 관심을 갖고 있는 수험생 여러분들의 계획한 목표에 반드시 도달할 수 있기를 바란다.

Information

국내여행안내사 개요

관광진흥법에 의하여 문화체육관광부장관이 실시하는 국내여행안내사 자격시험에 합격한 후 문화체육관광부장관에게 등록한 자를 말한다.

기본정보

① **자격분류** : 국가전문자격증
② **시행기관** : 한국산업인력공단
③ **홈페이지** : www.Q-net.or.kr

자격정보

① **국내여행안내사**
　㉠ 국내여행안내사란 산업인력공단에서 시행하는 국내여행안내사 시험에 합격하여 그 자격을 취득한 자를 말한다.
　㉡ 국내여행안내사가 되려면 관광진흥법에 의하여 문화체육관광부장관이 실시하는 국내여행안내사 자격시험에 합격한 후 문화체육관광부장관에게 등록하여야 한다.
② **자격특징**
　㉠ 국내여행안내사는 관광통역안내사, 호텔경영사, 호텔관리사, 호텔서비스사와 함께 관광업무에 종사하는 관광종사원으로 규정되어 있다.
　㉡ 국내여행안내사의 자격시험에 관한 업무는 한국산업인력공단에서, 등록 및 자격증의 발급에 관한 권한은 한국관광협회에서 담당하고 있다.
　㉢ 국내여행안내사는 국내를 여행하는 관광객을 대상으로 여행 일정 계획, 여행비용 산출, 숙박시설예약, 명승지나 고적지 안내 등 여행에 필요한 각종 서비스 제공하는 업무를 수행한다.

수행직무

국내여행안내사는 국내를 여행하는 관광객을 대상으로 여행 일정 계획, 여행비용 산출, 숙박시설예약, 명승지나 고적지 안내 등 여행에 필요한 각종 서비스를 제공한다.

진로 및 전망

① 국내여행안내사는 여행사, 호텔, 관광관련업체 등에 취업할 수 있으며, 프리랜서 여행안내사로 활동할 수 있다.
② 관광진흥법은 내국인을 대상으로 하는 여행업자에게 국내여행안내사 자격을 가진 사람이 국내여행안내에 종사하게 하도록 권고할 수 있다고 규정하고 있다.

제한없음

※ 다만 「관광진흥법」 제38조 제5항(동법 제7조 준용)에 해당하는 결격사유가 없는 자
※ 국내여행안내사 결격사유자
 1. 피성년후견인 · 피한정후견인
 2. 파산선고를 받고 복권되지 아니한 자
 3. 관광진흥법을 위반하여 징역 이상의 실형을 선고받고 그 집행이 끝나거나 집행을 받지 아니하기로 확정된 후 2년이 지나지 아니한 자 또는 형의 집행유예 기간 중에 있는 자
 4. 관광진흥법에 따라 등록 등 또는 사업계획의 승인이 취소되거나 제36조 제1항에 따라 영업소가 폐쇄된 후 2년이 지나지 아니한 자

시험과목 및 방법

구분	시험과목	배점비율	문항수	시험시간	시험방법
제1차 시험	1. 국사(근현대사 포함) 2. 관광자원해설 3. 관광법규 4. 관광학개론	30% 20% 20% 30%	15 10 10 15	100분	객관식 4지 선택형
제2차 시험	국가관, 사명감 등 정신자세, 전문지식과 응용능력, 예의 · 품행 및 성실성, 의사발표의 정확성과 논리성 등				면접형

합격기준

구분	합격결정기준
1차 시험	매 과목 4할 이상이고 전 과목 점수가 배점 비율로 환산하여 6할 이상
2차 시험	총점의 6할 이상을 득점한 자

면제 대상자

① 경력에 의한 제1차 시험 면제자
 ㉠ 「고등교육법」에 따른 전문대학 이상의 학교에서 관광분야를 전공(전공과목이 관광법규 및 관광학개론 또는 이에 준하는 과목으로 구성되는 전공과목을 30학점 이상 이수한 경우를 말한다)하고 졸업한 자(졸업예정자 및 관광분야 과목을 이수하여 다른 법령에서 이와 동등한 학력을 취득한 자를 포함한다)에 대하여 필기시험을 면제
 ㉡ 여행안내와 관련된 업무에 2년 이상 종사한 경력이 있는 자에 대하여 필기시험을 면제
 ㉢ 「초 · 중등교육법」에 따른 고등학교나 고등기술학교를 졸업한 자 또는 다른 법령에서 이와 동등한 학력이 있다고 인정되는 교육기관에서 관광분야의 학과를 이수하고 졸업한 자(졸업예정자를 포함한다)에 대하여 필기시험을 면제
② 전년도 제1차 시험 합격에 의한 면제 … 1차 시험에 합격하고 2차 시험에 불합격한 자에 대하여는 다음 회의 시험에만 1차 시험을 면제함

Structure

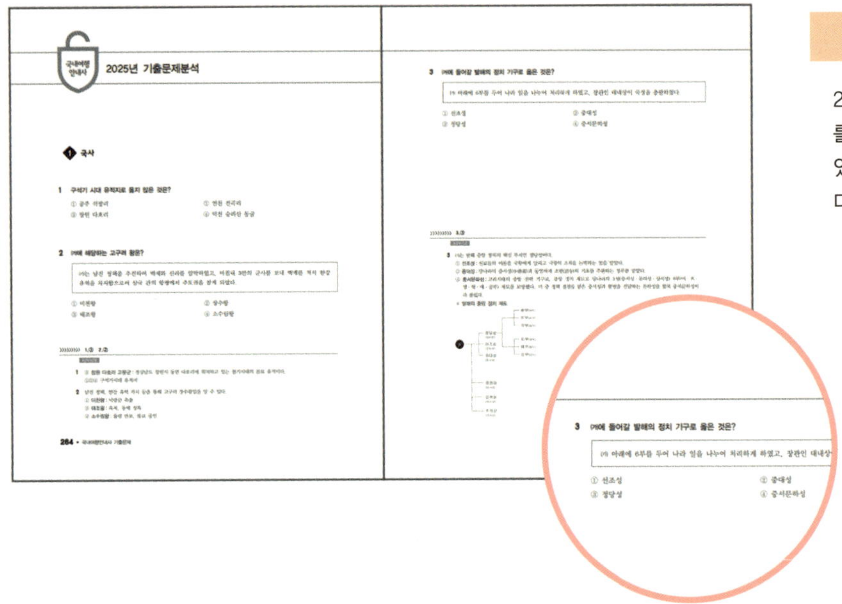

최신 기출문제분석

2014년부터 2025까지 그동안 시행된 기출문제를 수록하여 출제경향을 파악할 수 있도록 하였습니다. 기출문제를 풀어봄으로써 실전에 보다 철저하게 대비할 수 있습니다.

상세한 해설

상세한 해설을 통해 한 문제 한 문제에 대한 완전학습을 가능하도록 하였습니다. 정답을 맞힌 문제라도 꼼꼼한 해설을 통해 다시 한 번 내용을 확인할 수 있습니다. 틀린 문제를 체크하여 내가 취약한 부분을 파악할 수 있습니다.

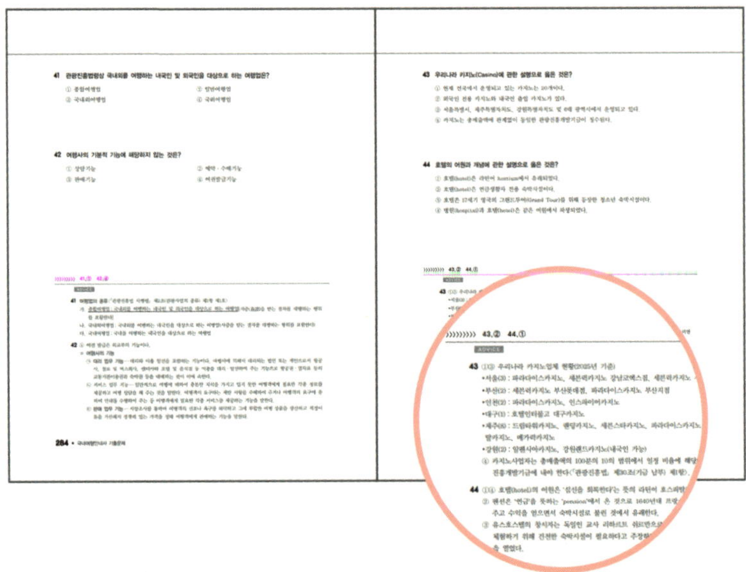

Contents

11 조선 후기에 제작된 그림이 아닌 것은?

① 정선의 인왕제색도

② 신윤복의 단오풍정

③ 김홍도의 씨름도

④ 안견의 몽유도원도

12 임오군란을 계기로 일본과 체결한 조약은?

① 제물포조약

② 강화도조약

③ 한성조약

④ 시모노세키조약

13 모스크바 3국 외상 회의에서 결의된 내용으로 옳지 않은 것은?

① 임시 민주 정부 수립

② 미·소 공동 위원회 설치

③ 최고 5년 기한의 신탁통치 시행

④ 남북한 총선거를 통한 한국 통일안 시행

〉〉〉〉〉〉〉〉 **11.**④ **12.**① **13.**④

ADVICE

11 ④ 몽유도원도는 안견이 1447년(세종 29)에 비단 바탕에 수묵담채로 그린 산수화이다.

12 임오군란은 1882년(고종 19) 6월 9일 구식군대가 일으킨 병란으로, 청나라는 이 난의 책임을 물어 대원군을 톈진으로 납치해갔으며, 일본은 조선 정부에 강력한 위협을 가해 주모자 처벌과 손해 배상을 내용으로 하는 제물포조약을 맺게 했다.

13 모스크바 3국 외상 회의는 1945년 12월 미국·영국·소련의 3국이 제2차 세계 대전 전후 문제 처리를 위하여 모스크바에서 개최한 외무 장관 회의이다. 이 회의에서 한국에 임시 민주 정부를 수립하기 위해 미·소 공동 위원회를 설치하고, '한국은 정부 수립 능력이 없으므로 5년간 미·영·중·소 4개국이 신탁 통치한다'라는 내용을 결정하였다.

14 다음 내용과 모두 관련된 인물은?

> • 민족주의 역사학
> • 독사신론
> • 조선혁명선언서

① 정인보
③ 박은식
② 신채호
④ 백남운

15 대한민국 임시 정부가 1940년에 창설한 군사조직은?

① 북로군정서
③ 조선의용대
② 대한독립군
④ 한국광복군

ADVICE

14 제시된 내용은 신채호와 관련된 설명이다.
- 민족주의 역사학 : 신채호는 민족주의 역사학을 명실상부한 근대역사학으로 확립시켰다.
- 독사신론 : 1908년 신채호가 민족주의 사관에 입각해 서술한 최초의 한국 고대사 역사서
- 조선혁명선언서 : 신채호가 1923년 1월 의열단의 독립운동이념과 방략을 이론화해 천명한 선언서

15 한국광복군 … 1940년 중국 충칭에서 조직된 대한민국 임시 정부의 군대이다. 대한민국 임시 정부의 김구 주석은 중국 곳곳에서 독립 전쟁을 벌이는 독립군을 바탕으로 한국광복군을 조직하였다.
- ① 북로군정서 : 3·1운동 이후 만주 왕칭현에서 조직된 무장독립운동 단체
- ② 대한독립군 : 1919년 홍범도가 의병 출신을 중심으로 창설한 항일 독립군 부대
- ③ 조선의용대 : 김원봉이 1938년 중국의 임시수도 한커우에서 창설한 한국 독립무장부대

16 다음 산악자원 중 국립공원이 아닌 것은?

① 주왕산　　　　　　　　② 무등산
③ 대둔산　　　　　　　　④ 가야산

17 동굴의 생성원인이 다른 것은?

① 만장굴　　　　　　　　② 쌍룡굴
③ 협재굴　　　　　　　　④ 성류굴

18 해수욕장과 지역의 연결이 옳은 것은?

① 구룡포해수욕장 – 강원도
② 화진포해수욕장 – 충청남도
③ 중문해수욕장 – 전라남도
④ 구조라해수욕장 – 경상남도

〉〉〉〉〉〉〉〉　16.③　17.④　18.④

ADVICE

16 ③ 대둔산은 도립공원이다.

17 성류굴은 석회동굴이고, 만장굴 · 쌍룡굴 · 협재굴은 화산동굴이다.

18 ① 구룡포해수욕장－경상북도
② 화진포해수욕장－강원도
③ 중문해수욕장－제주도

19 온천과 지역의 연결이 옳지 않은 것은?

① 덕구온천 – 경상북도

② 수안보온천 – 충청남도

③ 백암온천 – 경상북도

④ 마금산온천 – 경상남도

20 국가유산의 연결이 옳지 않은 것은? (기출변형)

① 사적 – 진안 마이산

② 보물 – 서울 흥인지문

③ 명승 – 명주 청학동 소금강

④ 국보 – 서울 숭례문

21 판소리에 관한 설명으로 옳지 않은 것은?

① 지역에 따라 동편제, 서편제, 중고제로 나뉜다.

② '발림'은 흥을 돋우기 위한 추임새이다.

③ 한국의 유네스코 인류무형문화유산이다.

④ '아니리'는 소리를 하던 중 어떠한 상황이나 장면 등을 설명 또는 대화식으로 엮어 나가는 것이다.

>>>>>>>> 19.② 20.① 21.②

ADVICE

19 ② 수안보온천은 충청북도에 있다.

20 ① 진안 마이산은 명승으로 지정되어 있다.

21 ② 발림은 판소리에서 창자가 소리의 가락이나 사설의 극적인 내용에 따라서 손·발·온몸을 움직여 소리나 이야기의 감정을 표현하는 몸짓을 말한다.

22 한국의 유네스코 세계기록유산이 아닌 것은?

① 「승정원일기」

② 조선왕조 「의궤」

③ 「동국여지승람」

④ 새마을운동 기록물

23 문화관광축제와 지역의 연결이 옳은 것은?

① 남강유등축제 – 진주

② 세계무술축제 – 무주

③ 지평선축제 – 인제

④ 국제마임축제 – 제천

>>>>>>>> 22.③ 23.①

ADVICE

22 한국의 유네스코 세계기록유산은 총 20개로 「조선왕조실록」(1997), 「훈민정음(해례본)」(1997), 「승정원일기」(2001), 「불조직지심체요절(하권)」(2001), 조선왕조「의궤」(2007), 고려대장경판 및 제경판(2007), 「동의보감」(2009), 「일성록」(2011), 5·18 광주민주화운동 기록물(2011), 새마을운동 기록물(2013), 「난중일기」(2013), 한국의 유교책판(2015), KBS특별생방송 '이산가족을 찾습니다' 기록물(2015), 조선왕실 어보와 어책(2017), 조선통신사에 관한 기록(2017), 국채보상기록물(2017), 4·19혁명기록물(2023), 동학농민혁명기록물(2023), 제주 4·3 기록물(2025), 산림녹화기록물(2025)이 있다.

23 ② 세계무술축제 – 충주
③ 지평선축제 – 김제
④ 국제마임축제 – 춘천

24 다음 중 삼보(三寶)사찰이 아닌 것은?

① 송광사　　　　　　　　　　② 통도사

③ 불국사　　　　　　　　　　④ 해인사

25 관광자원의 유형과 구성요소의 연결이 옳지 않은 것은?

① 자연관광자원 – 산악, 동굴

② 사회관광자원 – 풍속, 생활관습

③ 문화관광자원 – 국보, 보물

④ 산업관광자원 – 공업단지, 사찰

〉〉〉〉〉〉〉〉　**24.**③　**25.**④

24 삼보사찰 … 우리나라 사찰 중 가장 중요한 삼대 사찰로, 경상남도 양산의 통도사(通度寺), 합천 가야산의 해인사(海印寺), 전라남도 순천의 송광사(松廣寺) 셋을 가리킨다.

25 ④ 산업관광자원은 공장 및 산업시설들이 해당한다. 사찰은 문화관광자원이다.

26 관광기본법상 외국 관광객의 유치를 촉진하기 위하여 해외 홍보를 강화하고 출입국 절차를 개선하며 그 밖에 필요한 시책을 강구하여야 하는 주체는?

① 한국관광공사　　　　　　　　　② 정부

③ 국회　　　　　　　　　　　　　④ 한국관광협회중앙회

27 국제회의산업 육성에 관한 법령상 국제회의시설이 아닌 것은?

① 전문회의시설　　　　　　　　　② 준회의시설

③ 전시시설　　　　　　　　　　　④ 공항시설

〉〉〉〉〉〉〉〉　　26.②　27.④

ADVICE

26 정부는 외국 관광객의 유치를 촉진하기 위하여 해외 홍보를 강화하고 출입국 절차를 개선하며 그 밖에 필요한 시책을 강구하여야 한다〈「관광기본법」 제7조(외국 관광객의 유치)〉.

27 국제회의시설은 전문회의시설 · 준회의시설 · 전시시설 · 지원시설 및 부대시설로 구분한다.

28 국제회의산업 육성에 관한 법령상 문화체육관광부장관이 국제회의 정보의 공급·활용 및 유통을 촉진하기 위하여 지원할 수 있는 사업시행기관의 사업이 아닌 것은?

① 국제회의 정보 및 통계의 수집·분석
② 국민관광정보의 가공 및 유통
③ 국제회의 정보망의 구축 및 운영
④ 국제회의 정보의 활용을 위한 자료의 발간 및 배포

29 국제회의산업 육성에 관한 법령상 문화체육관광부장관이 국제회의 전문인력의 양성 등을 위하여 사업시행기관이 추진하는 사업 중 지원할 수 있는 사업은?

① 국제회의집적시설의 지정
② 국제회의 복합지구의 지정
③ 국제회의 전문인력 양성을 위한 인턴사원제도
④ 국제회의 관련 국제협력을 위한 조사·연구

〉〉〉〉〉〉〉〉 28.② 29.③

ADVICE

28 국제회의 정보의 유통 촉진〈「국제회의산업 육성에 관한 법률」 제13조 제2항〉 … 문화체육관광부장관은 국제회의 정보의 공급·활용 및 유통을 촉진하기 위하여 사업시행기관이 추진하는 다음의 사업을 지원할 수 있다.
ⓐ 국제회의 정보 및 통계의 수집·분석
ⓑ 국제회의 정보의 가공 및 유통
ⓒ 국제회의 정보망의 구축 및 운영
ⓓ 그 밖에 국제회의 정보의 유통 촉진을 위하여 필요한 사업으로 문화체육관광부령으로 정하는 사업(＝국제회의 정보의 활용을 위한 자료의 발간 및 배포)

29 국제회의 전문인력의 교육·훈련 등〈「국제회의산업 육성에 관한 법률」 제10조〉 … 문화체육관광부장관은 국제회의 전문인력의 양성 등을 위하여 사업시행기관이 추진하는 다음 각 호의 사업을 지원할 수 있다.
ⓐ 국제회의 전문인력의 교육·훈련
ⓑ 국제회의 전문인력 교육과정의 개발·운영
ⓒ 그 밖에 국제회의 전문인력의 교육·훈련과 관련하여 필요한 사업으로서 문화체육관광부령으로 정하는 사업(＝국제회의 전문인력 양성을 위한 인턴사원제도 등 현장실습의 기회를 제공하는 사업)

30 관광진흥법상 조성계획의 수립 등에 관한 규정이다. 다음 (   ) 안에 들어갈 내용으로 옳게 짝지어진 것은?

> 관광지등(제52조 제7항에 따라 지정된 관광단지는 제외한다)을 관할하는 (㉠)은/는 조성계획을 작성하여 시·도지사의 승인을 받아야 한다. 이를 변경(대통령령으로 정하는 경미한 사항의 변경은 제외한다)하려는 경우에도 또한 같다. 다만, 관광단지를 개발하려는 공공기관 등 문화체육관광부령으로 정하는 (㉡) 또는 민간개발자는 조성계획을 작성하여 대통령령으로 정하는 바에 따라 시·도지사의 승인을 받을 수 있다.

① ㉠ : 시장·군수·구청장, ㉡ : 사단법인
② ㉠ : 시장·군수·구청장, ㉡ : 공공법인
③ ㉠ : 공공법인, ㉡ : 시장·군수·구청장
④ ㉠ : 개인사업자, ㉡ : 시장·군수·구청장

31 관광진흥법령상 업종별 관광협회의 설립에 관한 설명으로 옳은 것은?

① 업종별 관광협회는 특별시·광역시·도 및 특별자치도를 단위로 설립하여야 한다.
② 업종별 관광협회는 지역별 특수성을 고려하여 지역 단위로 설립하여야 한다.
③ 업종별 관광협회는 해외에 지부를 설립하여야 한다.
④ 업종별 관광협회는 문화체육관광부장관의 설립허가를 받아야 한다.

〉〉〉〉〉〉〉〉 30.② 31.④

ADVICE

30 관광지등(인구감소지역에 지정된 관광단지는 제외한다)을 관할하는 시장·군수·구청장은 조성계획을 작성하여 시·도지사의 승인을 받아야 한다. 이를 변경(대통령령으로 정하는 경미한 사항의 변경은 제외한다)하려는 경우에도 또한 같다. 다만, 관광단지를 개발하려는 공공기관 등 문화체육관광부령으로 정하는 공공법인 또는 민간개발자는 조성계획을 작성하여 대통령령으로 정하는 바에 따라 시·도지사의 승인을 받을 수 있다〈「관광진흥법」 제54조(조성계획의 수립 등) 제1항〉.

31 업종별 관광협회는 업종별로 업무의 특수성을 고려하여 전국을 단위로 설립할 수 있다.
   ※ 지역별 또는 업종별 관광협회의 설립 범위〈「관광진흥법」 시행령 제41조〉
      ㉠ 지역별 관광협회 : 특별시·광역시·특별자치시·도 및 특별자치도를 단위로 설립하되, 필요하다고 인정되는 지역에는 지부를 둘 수 있다.
      ㉡ 업종별 관광협회 : 업종별로 업무의 특수성을 고려하여 전국을 단위로 설립할 수 있다.

32 관광진흥법상 권역별 관광개발계획에 포함해야 하는 사항으로 명시된 것은?

① 관광지 연계에 관한 사항

② 관광지 지정 절차에 관한 사항

③ 관광권역의 설정에 관한 사항

④ 관광진흥개발기금의 용도에 관한 사항

33 관광진흥법령상 여행업의 종류가 아닌 것은? (기출변형)

① 관광호텔업

② 국내여행업

③ 종합여행업

④ 국내외여행업

>>>>>>>> 32.① 33.①

32 관광개발기본계획 등〈「관광진흥법」 제49조 제2항〉 … 시 · 도지사(특별자치도지사는 제외한다)는 기본계획에 따라 구분된 권역을 대상으로 다음의 사항을 포함하는 권역별 관광개발계획을 수립하여야 한다.
　㉠ 권역의 관광 여건과 관광 동향에 관한 사항
　㉡ 권역의 관광 수요와 공급에 관한 사항
　㉢ 관광자원의 보호 · 개발 · 이용 · 관리 등에 관한 사항
　㉣ 관광지 및 관광단지의 조성 · 정비 · 보완 등에 관한 사항
　㉤ 관광지 및 관광단지의 실적 평가에 관한 사항
　㉥ 관광지 연계에 관한 사항
　㉦ 관광사업의 추진에 관한 사항
　㉧ 환경보전에 관한 사항
　㉨ 그 밖에 그 권역의 관광자원의 개발, 관리 및 평가를 위하여 필요한 사항

33 여행업의 종류〈「관광진흥법 시행령」 제2조(관광사업의 종류 제1항 제1호)〉
　㉠ **종합여행업** : 국내외를 여행하는 내국인 및 외국인을 대상으로 하는 여행업[사증(査證)을 받는 절차를 대행하는 행위를 포함한다]
　㉡ **국내외여행업** : 국내외를 여행하는 내국인을 대상으로 하는 여행업(사증을 받는 절차를 대행하는 행위를 포함한다)
　㉢ **국내여행업** : 국내를 여행하는 내국인을 대상으로 하는 여행업

34 관광진흥법상 사업계획 승인 시의 인·허가 의제사항이 아닌 것은?

① 산지관리법에 따른 산지전용허가

② 사방사업법에 따른 사방지(砂防地) 지정의 해제

③ 초지법에 따른 초지전용(草地轉用)의 허가

④ 사도법에 따른 하천공사 등의 허가

35 관광진흥법상 민간개발자에 해당하지 않는 것은?

① 관광단지를 개발하려는 개인

② 관광단지를 개발하려는 상법상의 법인

③ 관광단지를 개발하려는 관광기본법상의 법인

④ 관광단지를 개발하려는 민법상의 법인

>>>>>>>> 34.④ 35.③

ADVICE

34 사업계획 승인 시의 인·허가 의제 등〈「관광진흥법」 제16조 제1항〉

㉠ 「농지법」에 따른 농지전용의 허가

㉡ 「산지관리법」에 따른 산지전용허가 및 산지전용신고, 산지일시사용허가·신고, 「산림자원의 조성 및 관리에 관한 법률」에 따른 입목벌채 등의 허가·신고

㉢ 「사방사업법」에 따른 사방지 지정의 해제

㉣ 「초지법」에 따른 초지전용의 허가

㉤ 「하천법」에 따른 하천공사 등의 허가 및 실시계획의 인가, 점용허가 및 실시계획의 인가

㉥ 「공유수면 관리 및 매립에 관한 법률」에 따른 공유수면의 점용·사용허가 및 점용·사용 실시계획의 승인 또는 신고

㉦ 「사도법」에 따른 사도개설의 허가

㉧ 「국토의 계획 및 이용에 관한 법률」에 따른 개발행위의 허가

㉨ 「장사 등에 관한 법률」에 따른 분묘의 개장신고 및 분묘의 개장허가

35 민간개발자란 관광단지를 개발하려는 개인이나 「상법」 또는 「민법」에 따라 설립된 법인을 말한다.〈「관광진흥법」 제2조 제8호〉

36 관광의 구성요소 중 관광객체의 내용으로 옳지 않은 것은?

① 관광대상을 의미한다.
② 관광욕구를 충족시키는 역할을 한다.
③ 관광정보를 포함한다.
④ 관광자원과 관광시설을 포함한다.

37 국제회의 종류 중 특별한 기술을 교육하고 습득하기 위한 목적으로 소규모 집단이 참여하는 회의는?

① 클리닉(Clinic)
② 컨벤션(Convention)
③ 포럼(Forum)
④ 심포지엄(Symposium)

38 대한민국 국적 항공사의 코드가 아닌 것은?

① 7C   ② OZ
③ CX   ④ BX

>>>>>>>> **36.③ 37.① 38.③**

ADVICE

36 관광객체는 관광의 대상으로 관광공급시장을 형성한다. 관광자원 및 관광시설(서비스 포함)이 관광객체에 해당한다.
③ 관광정보는 관광매체이다.

37 ② 컨벤션 : 다수의 사람들이 특정한 활동을 하거나 협의하기 위해 한 장소에 모이는 회의와 유사한 의미로, 전시회를 포함하는 포괄적인 의미로 쓰이기도 함
③ 포럼 : 소수의 발표자가 의견을 제시하고 청중이 토론에 참가해 의견을 종합하는 형식
④ 심포지엄 : 특정한 문제에 대하여 두 사람 이상의 전문가가 서로 다른 각도에서 의견을 발표하고 참석자의 질문에 답하는 형식의 토론회

38 ③ CX : 케세이 퍼시픽 항공(Cathay Pacific Airways)
① 제주항공 ② 아시아나 항공 ④ 에어부산

39 관광의 긍정적 효과가 아닌 것은?

① 국제수지 개선
② 도시범죄 증가
③ 환경보호의식 제고
④ 문화교류 증진

40 여행사의 업무가 아닌 것은?

① 상담업무
② 판매업무
③ 예약 및 수배업무
④ 관광기본법 제정 업무

41 전형적인 주최여행으로 숙박, 교통, 음식 등의 여행소재를 포괄한 상품을 제공하여 주요 관광지를 방문하는 여행은?

① Special Interest Tour
② Interline Tour
③ Incentive Tour
④ Package Tour

>>>>>>>> **39.**② **40.**④ **41.**④

ADVICE

39 ② 도시범죄의 증가는 관광의 부정적인 효과이다.

40 ④ 법 제정은 의회의 업무이다.

41 Package Tour … 전형적인 주최여행으로 숙박, 교통, 음식 등의 여행소재를 포괄한 상품을 제공하여 주요 관광지를 방문하는 여행
① Special Interest Tour : 여객의 관심을 끌 만한 특별 테마를 갖고, 기획·모집·운영되는 투어
② Interline Tour : 항공회사가 가맹 agent를 초대하는 여행
③ Incentive Tour : 포상여행

42 복지관광의 목표가 아닌 것은?

① 복지의 증진

② 삶의 질 향상

③ 관광 소외 계층에 대한 관광 참여 기회 제한

④ 개인의 자아실현에 기여

43 인바운드관광의 활성화 방안으로 옳지 않은 것은?

① 외래관광객 유치를 위한 홍보 강화

② 출입국 수속 절차의 복잡화

③ 관광상품의 개발

④ 외래관광객을 위한 숙박시설 확충

44 호텔 객실 중 객실과 객실 사이가 문으로 연결되어 있는 객실은?

① 커넥팅룸(Connecting Room)

② 인사이드룸(Inside Room)

③ 아웃사이드룸(Outside Room)

④ 어드조이닝룸(Adjoining Room)

>>>>>>>> **42.**③ **43.**② **44.**①

ADVICE

42 ③ 복지관광은 관광 소외 계층에 대한 관광 참여 기회를 확대한다.

43 ② 인바운드관광의 활성화를 위해서는 출입국 수속 절차를 간소화하는 것이 좋다.

44 ① 커넥팅룸 … 인접해 있는 객실로서 Connecting Door(연결도어)가 있는 객실을 말한다. 이 도어를 열어서 2실 또는 그 이상을 연결하여 사용한다.
　② 인사이드룸 : 안뜰로 향하고 있는 객실을 말하며, 아웃사이드룸의 반대 개념이다
　③ 아웃사이드룸 : 호텔건물의 외측이 시가지나 정원 쪽을 향하고 있어서 전망이 좋은 객실을 가리킨다. 이것은 인사이드룸과 반대개념이다.
　④ 어드조이닝룸 : 객실과 객실 사이에 문은 없지만 옆으로 나란히 위치해 있어 가족이나 친구끼리 여행 온 이들이 편리하게 이용할 수 있는 객실이다.

45 호텔이 제공하는 서비스가 아닌 것은?

① 음식 서비스

② 숙박 서비스

③ 연회 서비스

④ 항공 탑승권 발권 서비스

46 마케팅 믹스 4Ps에 해당 하는 것은?

① Process

② Place

③ People

④ Physical Evidence

47 카지노 게임 중 테이블에서 하는 게임이 아닌 것은?

① 슬롯머신(Slot Machine)

② 룰렛(Roulette)

③ 바카라(Baccarat)

④ 블랙잭(Blackjack)

>>>>>>>> 45.④ 46.② 47.①

ADVICE

45 ④ 항공 탑승권 발권 서비스는 호텔에서 제공하지 않는다.

46 마케팅 믹스 4Ps
　　㉠ Product : 상품전략
　　㉡ Price : 가격전략
　　㉢ Place : 유통전략
　　㉣ Promotion : 광고 및 판촉 등의 전략

47 ① 슬롯머신은 상금을 받을 수 있는 기호가 순서대로 나오게 하기 위해, 동전을 투입구에 넣어 작동하는 상자형 전자 도박 기기이다.
　　②③④ 룰렛, 바카라, 블랙잭은 모두 테이블에서 하는 게임이다.

48 시장세분화 변수 중 인구통계적 변수가 아닌 것은?

① 성별　　　　　　　　　　　② 연령

③ 직업　　　　　　　　　　　④ 개성

49 항공 탑승권에 기재되어 있는 정보가 아닌 것은?

① 승객의 도착지

② 승객의 자택주소

③ 승객의 좌석번호

④ 승객의 성명

50 관광상품의 일반적인 특성이 아닌 것은?

① 생산과 소비의 동시성이 강하다.

② 유형성과 무형성이 병존한다.

③ 계절의 영향을 받지 않는다.

④ 인적서비스의 비중이 크다.

>>>>>>>> **48.**④　**49.**②　**50.**③

ADVICE

48 세분화의 기준변수

　㉠ **인구통계적 변수** : 연령, 성별, 지역, 소득, 종교, 직업 등
　㉡ **심리분석적 변수** : 사회계층, 라이프스타일, 개성 등
　㉢ **구매행동적 변수** : 사용기회, 사용경험, 사용량, 상표애호도 등
　㉣ 사용상황 변수
　㉤ 추구효익 변수

49 ② 승객의 자택주소는 항공 탑승권에 기재되어 있지 않다.

50 ③ 관광상품은 계절의 영향을 크게 받는다.

 **국사**

1 다음 설명에 해당하는 것은?

> 낭가와 불교 양가 대 유가의 싸움이며, 국풍파 대 한학파의 싸움이며, 독립당 대 사대당의 싸움이며, 진취 사상 대 보수 사상의 싸움

① 서경천도운동
② 이자겸의 난
③ 만적의 난
④ 무신 정변

2 고려의 경제 정책에 관한 설명으로 옳은 것은?

① 토지 대장인 양안과 호구 장부인 호적을 작성하였다.
② 시장을 감독하는 관청인 동시전을 설치하였다.
③ 농사직설 등 농서를 간행, 보급하였다.
④ 상평통보가 발행되어 널리 유통되었다.

〉〉〉〉〉〉〉〉 1.① 2.①

ADVICE

1 제시된 설명은 단재 신채호가 「조선사연구초」에서 서경천도운동에 대해 평가한 내용이다.

2 ② 동시전은 신라 때의 관청이다.
③④ 조선 때의 일이다.

3 고려시대 유학에 관한 설명으로 옳지 않은 것은?

① 지방에 향교를 설립하여 유학을 가르쳤다.

② 최충은 9재 학당을 세워 유학교육에 힘썼다.

③ 유교 예법에 따라 의례를 정리한 국조오례의가 편찬되었다.

④ 성리학을 수용하여 권문세족의 횡포와 불교의 폐단을 비판하였다.

4 다음 중 가장 먼저 세운 비는?

① 창녕비   ② 황초령비

③ 마운령비   ④ 단양 적성비

5 다음 중앙 관제가 존재한 국가에 관한 설명으로 옳지 않은 것은?

• 중정대	• 주자감	• 정당성

① 고구려 계승 의식을 갖고 있었다.

② 전국을 9주 5소경 체제로 정비하였다.

③ 인안, 대흥 등의 독자적 연호를 사용하였다.

④ 영주도, 신라도, 거란도 등 교통로가 존재하였다.

>>>>>>>> 3.③ 4.④ 5.②

3 ③「국조오례의」는 조선시대 오례의 예법과 절차에 관하여 기록한 책으로 세종 때 시작되어 성종 때 완성되었다.

4 ① 561년(진흥왕 22)
② 568년(진흥왕 29)
③ 568년(진흥왕 29)
④ 545~550년경(진흥왕 6~11년)

5 중정대, 주자감, 정당성은 발해의 중앙 관제이다.
② 9주 5소경은 통일 신라 시대의 지방 행정 구획이다. 발해는 전국을 5경 15부 62주의 행정 구역으로 나누었다.

6 다음 법이 있었던 국가에 관한 설명으로 옳은 것은?

> 그것은 대개 사람을 죽인 자는 즉시 죽이고, 남에게 상처를 입힌 자는 곡식으로 갚는다. 도둑질을 한 자는 노비로 삼는다. 용서를 받고자 하는 자는 한 사람마다 50만전을 내야 한다.

① 여러 가가 사출도를 나누어 다스렸다.
② 혼인 풍습으로 민며느리제가 존재하였다.
③ 천군이 소도라는 신성 지역을 다스렸다.
④ 건국과 관련하여 단군신화가 전해지고 있다.

7 신라 불교에 관한 설명으로 옳지 않은 것은?

① 원효는 일심사상의 이론적 체계를 마련하였다.
② 의상은 화엄사상을 바탕으로 교단을 형성하였다.
③ 혜심은 유불일치설을 주장하고 심성 도야를 강조하였다.
④ 혜초는 인도에서 불교를 공부하고 왕오천축국전을 서술하였다.

>>>>>>>>> 6.④ 7.③

ADVICE

6 제시된 내용은 고조선의 8조법금이다.
 　① 부여　② 옥저　③ 삼한

7 ③ 혜심은 고려 때의 승려이나.

8 다음과 같은 폐단을 시정하기 위해 시행된 제도는?

> 사주인은 자기가 갖고 있는 물품으로 관청에 대신 내고, 그 고을 농민들에게 낸 물건 값을 턱없이 높게 쳐서 열 배의 이득을 취하니 이것은 백성의 피땀을 짜내는 것입니다.

① 공법   ② 대동법
③ 균역법   ④ 영정법

9 병자호란에 따른 조선의 실상에 관한 설명으로 옳지 않은 것은?

① 청에 대한 적대감과 복수심으로 북벌론을 주창하였다.
② 세자를 비롯해 많은 신하와 백성이 포로로 끌려갔다.
③ 청나라에 바치는 조공품이 늘어나 백성들의 생활이 곤궁해졌다.
④ 압록강 지역에 4군, 두만강 지역에 6진을 설치하였다.

10 시기 순으로 사건을 바르게 나열한 것은?

> ㉠ 갑오개혁   ㉡ 갑신정변
> ㉢ 광무개혁   ㉣ 을사조약

① ㉡ - ㉠ - ㉢ - ㉣
② ㉡ - ㉢ - ㉠ - ㉣
③ ㉢ - ㉠ - ㉣ - ㉡
④ ㉢ - ㉡ - ㉠ - ㉣

〉〉〉〉〉〉〉〉 8.②   9.④   10.①

ADVICE

8 제시된 내용은 공납의 폐단인 방납에 대한 것이다. 이러한 폐단을 바로잡기 위해 공물을 쌀로 통일하여 바치게 한 것이 대동법이다.

9 ④ 4군 6진은 조선 세종 때 여진족을 몰아낸 뒤 군사적인 목적으로 만든 행정 구역이다.

10 갑신정변(1884) → 갑오개혁(1894) → 광무개혁(1897) → 을사조약(1905)

11 다음 내용과 관련된 조선시대 기구로 옳지 않은 것은?

• 3사라고 칭하였다.	• 언론 기능을 담당하였다.

① 홍문관   ② 승정원
③ 사간원   ④ 사헌부

12 조선 전기 문화에 관한 설명으로 옳은 것은?

① 판소리와 한글소설이 유행하는 등 서민문화가 확대되었다.
② 아라비아 역법을 참고하여 칠정산이라는 역법서를 편찬하였다.
③ 동국지리지, 아방강역고 등과 같은 역사 지리서를 편찬하였다.
④ 우리나라의 산천을 사실적으로 표현한 진경산수화가 유행하였다.

13 일제가 청산리대첩의 보복으로 우리 동포를 학살한 사건은?

① 간도 참변   ② 만보산 사건
③ 자유시 참변   ④ 갑산 화전민 사건

>>>>>>>> 11.② 12.② 13.①

ADVICE

11 조선시대의 3사는 홍문관, 사간원, 사헌부이다.

12 ② 「칠정산」은 조선 세종 때 편찬되었다.
①③④ 조선 후기 문화에 관한 설명이다.

13 청산리대첩에서 크게 패하면서 일본군은 그 보복으로 수많은 한국인 마을을 대상으로 방화·약탈을 일삼고 한국인들을 보이는 대로 학살하였는데, 이 사건을 간도참변(경신참변)이라 한다.

14 현재까지 남아있는 근대 문화유산으로 옳지 않은 것은?

① 독립문   ② 명동성당

③ 통감부 청사   ④ 덕수궁 중명전

15 광복 후 김구의 활동으로 옳은 것은?

① 한국 민주당과 함께 남한만의 총선거 실시를 주장하였다.

② 김일성에게 남북 정치 지도자 회담을 제안하였다.

③ 모스크바 3국 외상 회의에서 결정된 신탁통치안을 지지하였다.

④ 새 국가 건설을 위해 조선 건국 동맹을 결성하였다.

〉〉〉〉〉〉〉〉 14.③ 15.②

ADVICE

14 ③ 1910년 경술국치 때 통감부가 조선총독부로 확대·개편되었고 1995~1996년도에 조선총독부 건물이 철거되면서 현재
는 그 터만 남아있다.

15 ① 한국 민주당과 함께 남한만의 총선거 실시를 주장한 것은 이승만이다. 김구는 남한만의 총선거를 거부하였다.
　　③ 박헌영 등 북쪽의 좌익 진영은 구소련의 결정을 지지한다며, 신탁 통치를 찬성했다.
　　④ 조선 건국 동맹은 여운형, 현우현, 조동호 등에 의해 결성되었다.

② 관광자원해설

16 자연적 관광자원이 아닌 것은?

① 사적 ② 온천
③ 동굴 ④ 산악

17 온천법상 (   )에 들어갈 용어로 옳은 것은?

> 시·도지사는 온도·성분 등이 우수하고 주변환경이 양호하여 건강증진 및 심신요양에 적합하다고 인정하는 온천이 있는 온천원보호지구, 온천공보호구역 또는 온천이용시설을 행정안전부장관의 승인을 받아 (   )으로 지정할 수 있다.

① 보양온천 ② 관광온천
③ 휴양온천 ④ 요양온천

>>>>>>>> 16.① 17.①

ADVICE

16 ① 사적은 문화적 관광자원이다.

17 시·도지사는 온도·성분 등이 우수하고 주변환경이 양호하여 건강증진 및 심신요양에 적합하다고 인정하는 온천이 있는 온천원보호지구, 온천공보호구역 또는 온천이용시설을 행정안전부장관의 승인을 받아 <u>보양온천</u>으로 지정할 수 있다〈「온천법」 제9조(보양온천의 지정) 제1항〉.

18 석회동굴을 모두 고른 것은?

㉠ 제주 만장굴	㉡ 제주 협재굴
㉢ 영월 고씨굴	㉣ 울진 성류굴

① ㉠, ㉡
② ㉠, ㉣
③ ㉡, ㉢
④ ㉢, ㉣

19 우리나라 국립공원 중 면적이 가장 넓은 국립공원과 가장 좁은 국립공원을 순서대로 나열한 것은?

① 한려해상 국립공원, 월출산 국립공원
② 다도해해상 국립공원, 월출산 국립공원
③ 한려해상 국립공원, 북한산 국립공원
④ 다도해해상 국립공원, 북한산 국립공원

20 다음에 설명하는 유산은?

- 1983년 사적으로 지정되었다.
- 매년 정월 대보름에 장군 임경업 비각에서 제를 올리고 민속행사가 열린다.

① 경주 양동마을
② 아산 외암마을
③ 순천 낙안읍성
④ 고성 왕곡마을

>>>>>>>>> 18.④ 19.② 20.③

18 ㉠, ㉡은 용암동굴이다.

19 우리나라 국립공원 중 면적이 가장 넓은 곳은 다도해 해상국립공원으로 2,266.221km^2(육지 291.023km^2, 해상 1,975.198km^2)에 달하며, 가장 좁은 곳은 월출산 국립공원으로 면적은 56.22km^{2}이다.

20 1983년 사적으로 지정된 순천 낙안읍성에 대한 설명이다.

21 조선왕조의궤에 관한 설명으로 옳지 않은 것은?

① 의궤(儀軌)란 의식(儀式)의 궤범(軌範)이라는 뜻이다.

② 왕실의 중요행사를 문자와 그림으로 정리한 국가기록물이다.

③ 세종 때 최초로 편찬하여 일제강점기까지 계속 기록되어 있다.

④ 조선왕조 의식의 변화뿐 아니라 동아시아 지역의 문화를 비교할 수 있는 사료이다.

22 우리나라 전통도자기에 관한 설명으로 옳지 않은 것은?

① 도자기 종류에는 토기, 청자, 백자 등이 있다.

② 도자기에 문양을 만드는 기법에는 상감, 양각, 음각 등이 있다.

③ 조선청자에는 백자 태토에 철분이 함유된 유약을 입힌 것도 있다.

④ 고려청자는 몽고의 침입으로 청자 제작 기술이 더욱 발전되었다.

23 우리나라 전통 건축물에 관한 설명으로 옳은 것은?

① 다포 양식은 공포(栱包)가 기둥 위에만 있다.

② 다포 양식의 목조 건물에는 숭례문, 경복궁 근정전이 있다.

③ 주심포 양식의 목조 건물에는 화엄사 각황전, 통도사 대웅전이 있다.

④ 주심포 양식은 공포를 기둥 위뿐 아니라 기둥 사이에도 설치하는 건축 양식이다.

〉〉〉〉〉〉〉〉 21.③ 22.④ 23.②

ADVICE

21 ③ 조선왕조의궤는 조선 왕조가 세워진 첫해부터 멸망 때까지 519년에 걸쳐 완성한 기록이다.

22 ④ 고려청자는 몽고의 침입 이후부터 쇠퇴하여 조선 초기의 분청사기로 계승되었다.

23 ①④ 기둥 위에만 공포가 있는 것은 주심포 양식이다. 다포 양식은 기둥 위, 기둥과 기둥 사이에 공포가 여러 개 있는 형태이다.

　　③ 주심포 양식의 대표적인 건물로는 통도사 대웅전, 봉정사 극락전, 부석사 무량수전, 수덕사 대웅전 등이 있다. 화엄사 각황전은 다포 양식의 건물이다.

24 강릉단오제에 관한 설명으로 옳지 않은 것은?

① 음력 5월 15일 전후로 1주일간 개최된다.

② 다른 지역 단오제와 상이한 신화체계를 가지고 있다.

③ 강릉관노가면극이 공연된다.

④ 2005년 유네스코 인류무형문화유산으로 등재되었다.

25 국가무형유산이 아닌 것은?

① 고성농요　　　　　　　　② 북청사자놀음

③ 해녀　　　　　　　　　　④ 남도노동요

ADVICE

24 ① 강릉단오제는 음력 5월 5일을 전후로 1주일 간 개최된다.

25 ④ 남도노동요는 전라남도 무형유산이다.
　　①②③ 국가무형유산

26 관광기본법상 지방자치단체의 책무에 해당하는 것은?

① 관광에 관한 국가시책에 필요한 시책을 강구하여야 한다.

② 외국 관광객의 유치를 촉진하기 위하여 해외 홍보를 강화하고 출입국 절차를 개선하며 그 밖에 필요한 시책을 강구하여야 한다.

③ 매년 관광진흥에 관한 시책과 동향에 대한 보고서를 정기국회가 시작하기 전까지 국회에 제출하여야 한다.

④ 관광에 대한 국민의 이해를 촉구하여 건전한 국민관광을 발전시키는 데에 필요한 시책을 강구하여야 한다.

27 관광진흥개발기금법령상 관광진흥개발기금의 대여 신청을 거부하거나 그 대여를 취소할 수 있는 사유에 해당하는 것을 모두 고른 것은?

> ㉠ 거짓으로 대여를 신청한 경우
> ㉡ 「관광진흥법」에 따른 등록·허가·지정 또는 사업계획 승인 등의 취소 또는 실효 등으로 기금의 대여자격을 상실하게 된 경우
> ㉢ 대여조건을 이행하지 아니한 경우
> ㉣ 잘못 지급된 경우

① ㉠, ㉢

② ㉠, ㉡, ㉣

③ ㉡, ㉢, ㉣

④ ㉠, ㉡, ㉢, ㉣

>>>>>>>>> **26.① 27.④**

ADVICE

26 지방자치단체는 관광에 관한 국가시책에 필요한 시책을 강구하여야 한다〈「관광기본법」 제6조(지방자치단체의 협조)〉.

27 목적 외의 사용 금지 등〈「관광진흥개발기금법」 제11조 제3항〉 ⋯ 문화체육관광부장관은 기금의 대여를 신청한 자 또는 기금의 대여를 받은 자가 다음의 어느 하나에 해당하면 그 대여 신청을 거부하거나, 그 대여를 취소하고 지출된 기금의 전부 또는 일부를 회수한다.
㉠ 거짓이나 그 밖의 부정한 방법으로 대여를 신청한 경우 또는 대여를 받은 경우
㉡ 잘못 지급된 경우
㉢ 「관광진흥법」에 따른 등록·허가·지정 또는 사업계획 승인 등의 취소 또는 실효 등으로 기금의 대여자격을 상실하게 된 경우
㉣ 대여조건을 이행하지 아니한 경우
㉤ 그 밖에 대통령령으로 정하는 경우(기금을 대여받은 후 「관광진흥법」에 따른 등록 또는 변경등록이나 사업계획 변경승인을 받지 못하여 기금을 대여받을 때에 지정된 목적 사업을 계속하여 수행하는 것이 현저히 곤란하거나 불가능한 경우)

28 국제회의산업 육성에 관한 법령상 국제회의 전담조직의 업무가 아닌 것은?

① 국제회의의 유치 및 개최 지원

② 국제회의산업의 국외 홍보

③ 국제회의 관련 정보의 수집 및 배포

④ 국제회의시설에 부과되는 부담금 징수

29 관광진흥법령상 의료관광호텔업의 등록기준으로 옳지 않은 것은?

① 대지 및 건물의 소유권 또는 사용권을 확보하고 있을 것

② 객실별 면적이 15제곱미터 이상일 것

③ 의료관광객의 출입이 편리한 체계를 갖추고 있을 것

④ 의료관광객이 이용할 수 있는 취사시설이 객실별로 설치되어 있거나 층별로 공동취사장이 설치되어 있을 것

>>>>>>>> 28.④ 29.②

ADVICE

28 국제회의 전담조직의 업무〈「국제회의산업 육성에 관한 법률 시행령」 제9조〉

㉠ 국제회의의 유치 및 개최 지원

㉡ 국제회의산업의 국외 홍보

㉢ 국제회의 관련 정보의 수집 및 배포

㉣ 국제회의 전문인력의 교육 및 수급(需給)

㉤ 지방자치단체의 장이 설치한 전담조직에 대한 지원 및 상호 협력

㉥ 그 밖에 국제회의산업의 육성과 관련된 업무

29 의료관광호텔업

㉠ 의료관광객이 이용할 수 있는 취사시설이 객실별로 설치되어 있거나 층별로 공동취사장이 설치되어 있을 것

㉡ 욕실이나 샤워시설을 갖춘 객실이 20실 이상일 것

㉢ 객실별 면적이 19제곱미터 이상일 것

㉣ 「교육환경 보호에 관한 법률」에 따른 영업이 이루어지는 시설을 부대시설로 두지 않을 것

㉤ 의료관광객의 출입이 편리한 체계를 갖추고 있을 것

㉥ 외국어 구사인력 고용 등 외국인에게 서비스를 제공할 수 있는 체제를 갖추고 있을 것

㉦ 의료관광호텔 시설(의료관광호텔의 부대시설로 「의료법」 제3조 제1항에 따른 의료기관을 설치할 경우에는 그 의료기관을 제외한 시설을 말한다)은 의료기관 시설과 분리될 것. 이 경우 분리에 관하여 필요한 사항은 문화체육관광부장관이 정하여 고시한다.

㉧ 대지 및 건물의 소유권 또는 사용권을 확보하고 있을 것

㉨ 의료관광호텔업을 등록하려는 자가 기준에 따른 요건을 충족하는 외국인환자 유치 의료기관의 개설자 또는 유치업자일 것

30 관광진흥법령상 카지노사업자에게 금지되는 행위에 해당하지 않는 것은?

① 허가받은 전용영업장 외에서 영업을 하는 행위

② 「해외이주법」에 따른 해외이주자를 입장하게 하는 행위

③ 19세 미만인 자를 입장시키는 행위

④ 정당한 사유 없이 그 연도 안에 60일 이상 휴업하는 행위

31 관광진흥법령상 1년 이하의 징역 또는 1천만원 이하의 벌금에 처하는 경우가 아닌 것은? (기출변형)

① 허가받은 사항에 대해 테마파크업의 변경허가를 받지 아니하고 영업을 한 자

② 테마파크시설로 인하여 사망자가 발생하였음에도 이를 특별자치시장·특별자치도지사·시장·군수·구청장에게 통보하지 아니한 테마파크업자

③ 안전성검사를 받지 아니하고 안전성검사 대상 테마파크시설을 설치한 자

④ 신고를 하지 아니하고 기타테마파크업의 영업을 한 자

〉〉〉〉〉〉〉〉 **30.②　31.②**

ADVICE

30 카지노사업자 등의 준수 사항〈「관광진흥법」 제28조 제1항〉 … 카지노사업자(대통령령으로 정하는 종사원을 포함)는 다음의 어느 하나에 해당하는 행위를 하여서는 아니 된다.
　㉠ 법령에 위반되는 카지노기구를 설치하거나 사용하는 행위
　㉡ 법령을 위반하여 카지노기구 또는 시설을 변조하거나 변조된 카지노기구 또는 시설을 사용하는 행위
　㉢ 허가받은 전용영입장 외에서 영업을 하는 행위
　㉣ 내국인(「해외이주법」에 따른 해외이주자는 제외)을 입장하게 하는 행위
　㉤ 지나친 사행심을 유발하는 등 선량한 풍속을 해칠 우려가 있는 광고나 선전을 하는 행위
　㉥ 영업 종류에 해당하지 아니하는 영업을 하거나 영업 방법 및 배당금 등에 관한 신고를 하지 아니하고 영업하는 행위
　㉦ 총매출액을 누락시켜 관광진흥개발기금 납부금액을 감소시키는 행위
　㉧ 19세 미만인 자를 입장시키는 행위
　㉨ 정당한 사유 없이 그 연도 안에 60일 이상 휴업하는 행위

31 ② 테마파크시설로 인하여 사망자가 발생하였음에도 이를 특별자치시장·특별자치도지사·시장·군수·구청장에게 통보를 하지 아니한 자에게는 500만 원 이하의 과태료를 부과한다.

32 관광진흥법령상 테마파크업의 조건부 영업허가에 관한 설명으로 옳은 것은? (기출변형)

① 특별자치도지사 · 시장 · 군수 · 구청장은 5년의 범위에서 문화체육관광부령으로 정하는 시설 및 설비를 갖출 것을 조건으로 영업허가를 할 수 있다.

② 천재지변의 경우에는 해당 사업자의 신청에 따라 허가 조건에 해당하는 시설과 설비를 갖추어야 할 기간을 여러 차례 연장할 수 있다.

③ 특별자치도지사 · 시장 · 군수 · 구청장은 조건부 영업허가를 받은 자가 정당한 사유 없이 정해진 기간 내에 허가 조건을 이행하지 아니한 경우라도 그 허가를 즉시 취소할 수는 없다.

④ 조건부 영업허가를 받은 자는 허가 조건에 해당하는 필요한 시설 및 기구를 갖춘 경우 그 내용을 특별자치도지사 · 시장 · 군수 · 구청장에게 다시 허가받아야 한다.

33 관광진흥법령상 한국관광협회중앙회의 업무 중 문화체육관광부장관의 허가를 받아야 하는 것은?

① 관광 통계
② 회원의 공제사업
③ 국가나 지방자치단체로부터 위탁받은 업무
④ 관광안내소의 운영

〉〉〉〉〉〉〉〉 32.①　33.②

ADVICE

32 ② 조건부 영업허가〈「관광진흥법」 제31조〉 ··· 천재지변이나 그 밖의 부득이한 사유가 있다고 인정하는 경우에는 해당 사업자의 신청에 따라 한 차례에 한하여 1년을 넘지 아니하는 범위에서 그 기간을 연장할 수 있다.
　③ 특별자치시장 · 특별자치도지사 · 시장 · 군수 · 구청장은 조건부 영업허가를 받은 자가 정당한 사유 없이 정해진 기간 내에 허가 조건을 이행하지 아니하면 그 허가를 즉시 취소하여야 한다.
　④ 조건부 영업허가를 받은 자는 정해진 기간 내에 허가 조건에 해당하는 필요한 시설 및 기구를 갖춘 경우 그 내용을 특별자치시장 · 특별자치도지사 · 시장 · 군수 · 구청장에게 신고하여야 한다.

33 한국관광협회중앙회 업무〈「관광진흥법」 제43조 제1항, 제2항〉
　㉠ 협회는 다음 의 업무를 수행한다.
　　• 관광사업의 발전을 위한 업무
　　• 관광사업 진흥에 필요한 조사 · 연구 및 홍보
　　• 관광 통계
　　• 관광종사원의 교육과 사후관리
　　• 회원의 공제사업
　　• 국가나 지방자치단체로부터 위탁받은 업무
　　• 관광안내소의 운영
　　• 위의 규정에 의한 업무에 따르는 수익사업
　㉡ 회원의 공제사업은 문화체육관광부장관의 허가를 받아야 한다.

34 관광진흥법령상 지역관광협의회(이하 "협의회"라 한다)의 설립에 관한 설명으로 옳지 않은 것은?

① 관광사업자, 관광 관련 사업자, 관광 관련 단체, 주민 등은 공동으로 광역 및 기초 지방자치단체 단위의 협의회를 설립할 수 있다.

② 협의회를 설립하려는 자는 해당 지방자치단체의 장의 허가를 받아야 한다.

③ 협의회는 지역관광 홍보 및 마케팅 지원 업무에 따르는 수익사업을 수행할 수 없다.

④ 협의회의 설립 및 지원 등에 필요한 사항은 해당 지방자치단체의 조례로 정한다.

35 관광진흥법령상 관광특구에 관한 설명으로 옳지 않은 것은? (기출변형)

① 관광특구는 시장·군수·구청장의 신청(특별자치시 및 특별자치도의 경우는 제외한다)에 따라 시·도지사가 지정한다.

② 특별자치시장·특별자치도지사·시장·군수·구청장은 관할 구역 내 관광특구를 방문하는 외국인 관광객의 유치 촉진 등을 위하여 관광특구진흥계획을 수립하고 시행하여야 한다.

③ 관광특구로 지정하기 위해서는 최근 1년간 외국인 관광객 수가 5만명 이상이어야 한다.

④ 관광특구 안에서는 「식품위생법」 제43조에 따른 영업제한에 관한 규정을 적용하지 아니한다.

34 ③ 지역관광협의회 설립〈「관광진흥법」 제48조의9 제4항〉 … 협의회는 지역관광 홍보 및 마케팅 지원 업무에 따르는 수익사업을 수행할 수 있다.

　※ 지역관광협의회의 업무

　　㉠ 지역의 관광수용태세 개선을 위한 업무

　　㉡ 지역관광 홍보 및 마케팅 지원 업무

　　㉢ 관광사업자, 관광 관련 사업자, 관광 관련 단체에 대한 지원

　　㉣ ㉠부터 ㉢까지의 업무에 따르는 수익사업

　　㉤ 지방자치단체로부터 위탁받은 업무

35 ③ 관광특구로 지정하기 위해서는 해당 지역의 최근 1년 간 외국인 관광객 수가 10만명(서울특별시는 50만 명) 이상이어야 한다.

36 우리나라 국립공원으로 지정되지 않은 것은?

① 칠갑산

② 태백산

③ 월악산

④ 무등산

37 중국이 처음으로 우리나라 제1위의 입국자 수를 기록한 연도는?

① 2011년

② 2012년

③ 2013년

④ 2014년

38 제4차 관광개발기본계획(2022~2031)의 광역 관광권 개발 추진 계획으로 옳지 않은 것은? (기출변형)

① 수도권 – 글로벌 관광허브, 한류 중심지역

② 제주권 – 세계인이 다시 찾는 생태웰빙휴양 관광지역

③ 대경권 – 유교문화에 기반한 역사문화 생태관광지대

④ 부울경권 – 산업기반 해양레저 · 문화관광지대

〉〉〉〉〉〉〉〉 **36.① 37.③ 38.②**

ADVICE

36 ① 칠갑산은 국립공원으로 지정되지 않았다.

37 중국이 처음으로 우리나라 제1위의 입국자 수를 기록한 것은 2013년이다. 2012년 2,731,121명이었던 중국인 입국자는 2013년 약 43.6% 증가한 3,923,190명으로 2,715,451명인 일본을 제치고 1위를 기록했다.

38 관광권역별 추진 계획
- ㉠ **수도권** : 글로벌 관광허브, 한류 중심지역
- ㉡ **강원권** : 세계인이 다시 찾는 생태웰빙휴양 관광지역
- ㉢ **제주권** : 미래지향적인 청정자연유산관광 중심지역
- ㉣ **충청권** : 과학기술기반의 백제 · 중원문화 관광지대
- ㉤ **전라권** : 다도해 · 새만금을 품은 문화예술 관광지대
- ㉥ **대경권** : 유교문화에 기반한 역사문화 생태관광지대
- ㉦ **부울경권** : 산업기반 해양레저 · 문화관광지대

39 2017년 기준 호텔업 등급 결정사업에 관한 설명으로 옳지 않은 것은?

① 호텔산업 질적 성장을 위해 실시한다.
② 호텔업 등급평가 대상은 4년마다 등급평가를 받아야 한다.
③ 등급결정업무는 한국관광공사가 수탁·수행한다.
④ '별' 등급체계를 사용한다.

40 우리나라 카지노업에 관한 설명으로 옳지 않은 것은?

① 1967년 인천 소재 올림포스 호텔이 카지노를 최초로 개설하였다.
② 2016년 12월 기준, 전국 카지노 업체별 입장객은 강원랜드가 가장 많다.
③ 2000년 10월 개관한 강원랜드는 「폐광지역개발지원에관한특별법」에 의거 한시적으로 내국인 출입이 허용되고 있다.
④ 1994년 8월 이후, 전국의 카지노 사업 허가권, 지도·감독권은 경찰청에서 가지고 있다.

41 우리나라 컨벤션센터와 소재지 연결이 옳지 않은 것은?

① DCC – 대구
② CECO – 창원
③ BEXCO – 부산
④ HICO – 경주

>>>>>>>> 39.② 40.④ 41.①

39 ② 호텔업 등급결정의 유효기간은 등급결정을 받은 날부터 3년이다〈「관광진흥법 시행규칙」 제25조의3 제2항〉. 따라서 호텔업 등급평가 대상은 3년마다 등급평가를 받아야 한다.

40 ④ 카지노는 1994. 8. 3. 「관광진흥법」이 개정되면서 관광사업으로 새로이 규정, 문화체육관광부에서 허가권과 지도·감독권을 갖게 되었다.
※ 제주도는 「제주특별자치도특별법」에 따라 2006년 7월부터 제주특별자지도가 허가 및 지도·감독 기능을 갖는다.

41 ① DCC는 대전컨벤션센터로 대전에 있다.

42 우리나라 저비용 항공사의 IATA와 ICAO 기준 코드로 옳은 것은?

	IATA	ICAO
① 이스타 :	ZE	ESR
② 진에어 :	JL	JJA
③ 에어부산 :	BR	ABL
④ 제주항공 :	LJ	JNA

43 관광종사원 국가자격시험으로 옳지 않은 것은?

① 국내여행안내사 ② 호텔서비스사

③ 컨벤션기획사 ④ 호텔경영사

44 대안 관광(Alternative Tourism)의 형태로 옳지 않은 것은?

① 생태관광(Eco Tourism)

② 녹색관광(Green Tourism)

③ 연성관광(Soft Tourism)

④ 대중관광(Mass Tourism)

〉〉〉〉〉〉〉〉 42.① 43.③ 44.④

ADVICE

42 ② 진에어 : LJ, JNA

③ 부산에어 : BX, ABL

④ 제주항공 : 7C, JJA

43 관광종사원은 관광통역안내사, 국내여행안내사, 호텔경영사, 호텔관리사, 호텔서비스사 총 다섯 가지로 분류된다.

44 대안관광이란 관광객의 대량 이동과 관광 활동으로 야기되는 부정적 영향을 최소화시키고자 하는 관광의 새로운 형태로 생태관광, 연성관광, 녹색관광 등이 해당한다.

45 기능적 관광매체가 아닌 것은?

① 관광선전
② 관광통역안내업
③ 관광지
④ 관광정보

46 관광사업의 특성이 아닌 것은?

① 복합성
② 비민감성
③ 공익성
④ 서비스성

47 정량적인 관광 수요 예측방법으로 옳지 않은 것은?

① 회귀분석법
② 시계열분석법
③ 델파이기법
④ 중력모형

>>>>>>>> 45.③ 46.② 47.③

ADVICE

45 ③ 관광지는 관광객체이다.
  ※ 관광매체
   ㉠ 시간적 매체 : 숙박시설, 휴식시설, 오락시설 등
   ㉡ 공간적 매체 : 교통기관, 도로, 운수시설 등
   ㉢ 기능적 매체 : 여행업, 통역안내업, 관광기념품 판매업, 관광선전 등

46 ② 관광사업은 민감성을 가진다.

47 ③ 델파이기법은 정성적인 수요 예측방법이다.

48 국제관광기구의 약어에 대한 표기로 옳지 않은 것은?

① UNWTO – 세계관광기구
② PATA – 아시아 · 태평양 관광협회
③ ASTA – 미주여행업협회
④ APEC – 세계여행관광협의회

49 국제관광의 긍정적인 효과로 옳지 않은 것은?

① 세계평화에 기여
② 국민경제적 향상효과
③ 고용창출 및 증대효과
④ 일탈행동의 증가

50 관광마케팅의 발전 과정으로 옳은 것은?

㉠ 상품 지향적 마케팅	㉡ 판매 지향적 마케팅
㉢ 사회 지향적 마케팅	㉣ 고객 지향적 마케팅

① ㉠ – ㉡ – ㉢ – ㉣
② ㉠ – ㉡ – ㉣ – ㉢
③ ㉢ – ㉠ – ㉡ – ㉣
④ ㉢ – ㉡ – ㉣ – ㉠

〉〉〉〉〉〉〉〉 48.④ 49.④ 50.②

ADVICE

48 ④ 세계여행관광협의회는 WTTC(The World Travel & Tourism Council)이다.

49 ④ 일탈행동의 증가는 부정적인 효과이다.

50 관광마케팅 발전 과정
상품 지향적 마케팅→판매 지향적 마케팅→고객 지향적 마케팅→사회 지향적 마케팅

① 국사

1 밑줄 친 '이 시대'에 관한 설명으로 옳은 것은?

> 이 시대 사람들은 강가나 바닷가에 살면서 물고기를 잡거나 사냥을 하였다. 초기에 식물의 열매나 뿌리를 채취하여 먹는 생활을 하다가, 뒤에는 농사를 짓고 가축도 기르게 되었다.

① 계절에 따라 이동 생활을 하며 동굴에서 살았다.
② 검은 간토기와 덧띠 토기를 사용하였다.
③ 고인돌에 비파형 동검 등을 부장하였다.
④ 특정 동물을 자기 부족의 기원과 연결시켜 숭배하였다.

〉〉〉〉〉〉〉〉 1.④

1 '농사를 짓고 가축도 기르게 되었다' 부분을 통해 신석기 시대임을 알 수 있다.
　④ 특정 동물을 자기 부족의 기원과 연결시켜 숭배하는 토테미즘 같은 원시신앙이 등장한 것은 신석기 시대이다.
　① 구석기　② 철기　③ 청동기

2 (　　)에 해당하는 왕은?

> (　　)는/은 장수 장문휴를 보내 당나라의 등주자사 위준을 공격하게 하였다. 이에 당나라에서 대문예를 파견하여 발해를 토벌하게 하는 동시에, 신라로 하여금 발해의 남쪽 경계를 치게 하였다.

① 고왕   ② 무왕
③ 문왕   ④ 선왕

3 다음과 같은 지방제도를 실시한 국가에 관한 설명으로 옳지 않은 것은?

> • 지방의 읍(邑)을 담로라고 불렀다.
> • 5방이 있으며, 방마다 몇 개의 군을 관할하였다.

① 상대등이 귀족회의를 주관하면서 왕권을 견제하였다.
② 좌평을 비롯한 16등급의 관리가 나랏일을 맡아 보았다.
③ 지배층은 왕족인 부여씨와 8성의 귀족으로 이루어졌다.
④ 중국의 남조와 활발하게 교류하고 일본에 불교를 전해주었다.

>>>>>>>> 2.② 3.①

2 장수 장문휴를 보내 당의 등주(산둥반도) 지방을 공격한 것은 발해의 무왕 14년(732)의 일이다. 이에 당나라에서는 대문예를 파견하여 토벌하게 하는 동시에, 신라 성덕왕으로 하여금 발해의 남쪽 경계를 치게 하였다.

3 22담로와 5방은 백제의 지방제도이다.
　① 신라에 대한 설명이다.

4 (   )에 관한 설명으로 옳은 것은?

> (   )는/은 성덕왕 3년(704)에 한산주 도독이 되었으며, 전기 몇 권을 지었다. 그가 쓴 「고승전」, 「화랑세기」, 「악본」, 「한산기」 등이 아직도 남아 있다.
>
> ―「삼국사기」―

① 외교 문서를 잘 지은 문장가로 유명하였다.
② 이두를 정리하여 한문 교육의 보급에 공헌하였다.
③ 진골 신분으로 신라의 문화를 주체적으로 인식하려 하였다.
④ 당의 빈공과에 급제하고 귀국하여 시무 개혁안을 건의하였다.

5 「삼국사기」에 관한 설명으로 옳지 않은 것은?

① 유교적 합리주의 사관에 기초하였다.
② 기전체로 서술하였다.
③ 현존하는 우리나라 최고(最古)의 역사서이다.
④ 단군신화가 수록되어 있다.

6 고려 광종 때에 실시한 정책이 아닌 것은?

① 과거 제도 시행
② 노비안검법 실시
③ 광덕, 준풍 등의 연호 사용
④ 2성 6부제 중심의 중앙 관제 정비

〉〉〉〉〉〉〉〉 4.③ 5.④ 6.④

ADVICE

4 괄호 안에 들어갈 인물은 통일신라 시대의 역사가인 김대문이다.
　① 최치원, 설총과 함께 신라 3대 문장가 중 하나인 강수에 대한 설명이다.
　② 설총에 대한 설명이다.
　④ 최치원에 대한 설명이다.

5 ④ 단군신화가 수록된 것은 「삼국유사」이다.

6 ④ 당나라의 3성 6부제를 변형한 2성 6부제를 도입하여 중앙 관제를 정비한 것은 고려 6대 왕인 성종 때이다.

7 다음 사건을 발생한 순서대로 바르게 나열한 것은?

㉠ 무신정변   ㉡ 묘청의 난

㉢ 위화도 회군   ㉣ 강화도 천도

① ㉠ – ㉡ – ㉢ – ㉣

② ㉠ – ㉣ – ㉡ – ㉢

③ ㉡ – ㉠ – ㉣ – ㉢

④ ㉡ – ㉢ – ㉠ – ㉣

8 다음은 모두 어느 왕대의 일인가?

• 계미자 주조

• 호패법 실시

• 6조 직계제 시행

① 태조   ② 태종

③ 세종   ④ 성종

>>>>>>>> 7.③ 8.②

ADVICE

7 ㉡ 묘청의 난 : 1135년(인종 13) 묘청 등이 서경(평양)에서 일으킨 반란

　㉠ 무신정변 : 1170년(의종24) 정중부 등의 무신들이 정변을 일으켜 정권을 장악

　㉣ 강화도 천도 : 1232년(고종 19) 몽골에 대항하기 위해 강화로 천도

　㉢ 위화도 회군 : 1388년(우왕 14)에 이성계가 위화도에서 군사를 돌려 권력을 장악

8 제시된 내용은 모두 조선 태종 때의 일이다.

• 계미자 주조 : 1403년(태종 3) 주자소 설치, 계미자 주조

• 호패법 실시 : 1402년(태종 2) 조세와 군역 파악, 왕권강화

• 6조 직계제 시행 : 1414년(태종 14) 왕권강화

9 다음 설명에 해당하는 사건은?

> 사관 김일손이 사초에 '조의제문'을 실은 것이 문제가 되어 많은 사림이 피해를 입었다.

① 무오사화 ② 갑자사화
③ 기묘사화 ④ 을사사화

10 조선 후기의 농업 경제에 관한 옳은 설명만을 모두 고른 것은?

> ㉠ 농사직설과 같은 농서가 간행되었다.
> ㉡ 한 집에서 넓은 토지를 경영하는 광작이 성행하였다.
> ㉢ 지대 납부 방식이 도조법에서 타조법으로 변화되었다.
> ㉣ 담배, 인삼과 같은 작물이 재배되어 상품화되기도 하였다.

① ㉠, ㉡ ② ㉠, ㉢
③ ㉡, ㉣ ④ ㉢, ㉣

〉〉〉〉〉〉〉〉 9.① 10.③

ADVICE

9 「조의제문」은 조선 전기의 학자 김종직이 수양대군(세조)의 왕위 찬탈을 비난한 글이다. 김종직의 제자인 사관 김일손이 사초에 이를 수록하였고, 이것이 계기가 무오사화가 발생한다. 무오사화로 인해 김종직은 부관참시를 당하였고, 김일손 등 많은 사림파 인물들이 참수되었다.

10 ㉠ 「농사직설」은 조선 세종 때 편찬된 농서이다.
　㉢ 도조법은 일정액의 소작료를 미리 정해 지대로 납부하는 것으로 지주전호제나 병작 반수제에 비해 소작인에게 유리한 제도이다. 타조법은 지주가 농지를 대여해 주고 그 대가로서 추수기에 수확량의 절반을 징수하던 소작제도로 도조법에 비해 지주에게 유리하다. 조선 후기에는 소작쟁의 등을 통해 지대 납부 방식이 타조법에서 도조법으로 변화되었다.

11 다음 설명에 해당하는 단체는?

> • 양기탁, 안창호 등이 조직 주도
> • 비밀결사 형태로 조직
> • 105인 사건을 계기로 와해

① 신민회 ② 신간회
③ 보안회 ④ 근우회

12 다음 내용과 모두 관련된 인물은?

> • '국혼' 강조
> • 「한국통사」 저술
> • 유교구신론 주장

① 박은식 ② 신채호
③ 안재홍 ④ 정인보

〉〉〉〉〉〉〉〉 11.① 12.①

ADVICE

11 제시된 설명에 해당하는 단체는 신민회이다. 신민회는 1907년에 국내에서 결성된 항일 비밀결사로, 일제가 보안법·신문지법 등을 만들어 반일적 색채를 띤 계몽운동을 탄압하자 이에 대항하여 국권회복운동을 펼치기 위해 사회계몽운동가들이 비밀리에 조직한 단체이다.

12 제시된 내용은 박은식과 관련된 설명이다. 박은식은 그의 저서인 「한국통사」나 논문 등을 통해 '국혼'을 강조하였으며, 유교의 문제점을 지적하고 유교를 개혁 발전시켜야 한다는 '유교구신론'을 주장하였다.

13 시간 순서상 가장 마지막에 일어난 사건은?

① 자유시 참변
② 대한민국 임시정부의 한국광복군 창설
③ 대한독립군 연합부대의 봉오동 전투
④ 조선혁명군 연합부대의 영릉가 전투

14 5·10 총선거 이전에 있었던 사실이 아닌 것은?

① 좌우합작 7원칙 발표
② 모스크바 3국 외상 회의 개최
③ 조선건국준비위원회 결성
④ 반민족 행위 처벌법 제정

15 실학자와 그의 저서가 바르게 연결되지 않은 것은?

① 유수원 – 우서 ② 박지원 – 북학의
③ 홍대용 – 임하경륜 ④ 유형원 – 반계수록

〉〉〉〉〉〉〉〉 **13.**② **14.**④ **15.**②

13 봉오동 전투(1920) → 자유시 참변(1921) → 영릉가 전투(1932) → 한국광복군 창설(1940)

14 5·10 총선거는 1948년 5월 10일 미군정법령에 따라 대한민국 제헌국회를 구성하기 위해 실시한 국회의원선거로 남한에서만 실시되었다.
  ① 좌우합작 7원칙 발표 : 1946. 10.
  ② 모스크바 3국 외상 회의 개최 : 1945. 12.
  ③ 조선건국준비위원회 결성 : 1945. 8.
  ④ 반민족 행위 처벌법 제정 : 1948. 9.

15 ②「북학의」는 1778년(정조 2) 실학자 박제가가 청나라의 풍속과 제도를 시찰하고 돌아와서 그 견문한 바를 쓴 책이다. 박지원의 대표적인 저서로는「열하일기」가 있다.

16 다음 설명에 해당하는 해설기법은?

> • 역사적 시기·생활·사건들을 다시 나타내 보이는 기법이다.
> • 주제를 이해시키는데 효과적이다.
> • 준비기간이 많이 소요되는 단점이 있다.

① 동행 해설기법
② 담화 해설기법
③ 재현 해설기법
④ 매체이용 해설기법

17 국내 유일의 사적(도시)형 국립공원은?

① 경주 국립공원
② 덕유산 국립공원
③ 북한산 국립공원
④ 태안해안 국립공원

>>>>>>>> 16.③　17.①

ADVICE

16 ③ 제시된 내용은 재현 해설기법에 대한 설명이다.
　① 동행 해설기법은 해설자가 방문객과 함께 걸으며 해설하는 고전적 방법으로, 해설자가 관광객에게 흥미를 제공하거나 동기를 부여할 수 있으며 관광객은 궁금한 사항에 대하여 즉각적으로 물어 볼 수 있다는 장점이 있다. 소규모 그룹의 경우에 효과적이다.
　② 담화 해설기법은 안내자 해설의 대표로 대화기능을 이용하는 것이다. 말, 몸짓, 표정 등을 통해 관광객의 감동을 유도하는 과정에서 해설자의 감수성과 관광객의 이해수준 간의 상관성을 가진다.
　④ 매체이용 해설기법은 비인적기법으로 오디오, 비디오 등의 매체를 이용하여 해설을 하는 방법이다.

17 국내 유일의 사적(도시)형 국립공원은 경주 국립공원이다.

18 다음 설명에 해당하는 온천은?

> • 관광특구로 지정된 라듐성 유황온천이다.
> • 국내에서 최고수온이 가장 높다.
> • 「동국통감」의 고려기에 '영산온정'이라 기록되어 있다.

① 수안보 온천   ② 부곡 온천

③ 유성 온천   ④ 백암 온천

19 지역과 특산물의 연결이 옳지 않은 것은?

① 강화 – 화문석   ② 한산 – 세모시

③ 남원 – 목기공예품   ④ 영양 – 누에가루

20 다음 설명에 해당하는 것은?

> • 국가무형유산이다.
> • 백제장군과 병졸의 원혼을 위로하고자 시작되었다.
> • 장군제(將軍祭)의 성격을 띤다.

① 우륵문화제   ② 개천예술제

③ 은산별신제   ④ 행주문화제

>>>>>>>> **18.② 19.④ 20.③**

ADVICE

18 제시된 설명에 해당하는 온천은 경남 창녕군에 있는 부곡온천이다. 부곡온천은 온천수의 온도가 약 78도에 이르는 우리나라에서 가장 뜨거운 온천이다.

19 ④ 영양 지역의 특산물로는 고추가 있다. 누에가루는 서산, 공주 지역의 특산물이다.

20 제시된 내용은 은산별신제에 대한 설명이다.
　① 충북 충주에서 열리는 예술문화제
　② 경남 진주에서 열리는 문화예술제
　④ 경기도 고양에서 열리는 문화예술제

21 국가지정문화유산으로서 사적의 지정조건으로 옳지 않은 것은?

① 저명한 건물 또는 정원 및 중요한 전설지 등으로서 종교·교육·생활·위락 등과 관련된 경승지일 것

② 국가의 중대한 역사적 사건과 깊은 연관성을 가지고 있을 것

③ 국가에 역사적·문화적으로 큰 영향을 미친 저명한 인물의 삶과 깊은 연관성이 있을 것

④ 선사시대 또는 역사시대의 사회·문화생활을 이해하는 데 중요한 정보를 가질 것

>>>>>>>>> 21.①

21 사적의 지정기준〈「문화유산의 보존 및 활용에 관한 법률 시행령」 별표 1의2. 국가지정문화유산의 지정기준 참조〉

   ㉠ ㉡의 어느 하나에 해당하는 문화유산으로서 다음 중 어느 하나 이상의 가치를 충족하는 것

- 역사적 가치
  - 정치·경제·사회·문화·종교·생활 등 각 분야에서 세계적, 국가적 또는 지역적으로 그 시대를 대표하거나 희소성과 상징성이 뛰어날 것
  - 국가에 역사적·문화적으로 큰 영향을 미친 저명한 인물의 삶과 깊은 연관성이 있을 것
  - 국가의 중대한 역사적 사건과 깊은 연관성을 가지고 있을 것
  - 특정 기간 동안의 기술 발전이나 높은 수준의 창의성 등 역사적 발전상을 보여줄 것
- 학술적 가치
  - 선사시대 또는 역사시대의 정치·경제·사회·문화·종교·생활 등을 이해하는 데 중요한 정보를 제공할 것
  - 선사시대 또는 역사시대의 정치·경제·사회·문화·종교·생활 등을 알려주는 유구(遺構: 인간의 활동에 의해 만들어진 것으로서 파괴되지 않고서는 움직일 수 없는 잔존물)의 보존상태가 양호할 것

㉡ 해당 문화유산의 유형별 분류기준

- 조개무덤, 주거지, 취락지 등의 선사시대 유적
- 궁터, 관아, 성터, 성터시설물, 병영, 전적지(戰蹟地) 등의 정치·국방에 관한 유적
- 역사·교량·제방·가마터·원지(園池)·우물·수중유적 등의 산업·교통·주거생활에 관한 유적
- 서원, 향교, 학교, 병원, 사찰, 절터, 교회, 성당 등의 교육·의료·종교에 관한 유적
- 제단, 고인돌, 옛무덤(군), 사당 등의 제사·장례에 관한 유적
- 인물유적, 사건유적 등 역사적 사건이나 인물의 기념과 관련된 유적

22 건축물과 관련된 용어와 이에 대한 설명이 바르게 연결된 것은?

① 주심포양식 – 기둥상부와 기둥사이에 모두 공포를 배치함

② 고래 – 방이나 솥에 불을 때기 위한 구멍을 지칭함

③ 배흘림기둥 – 기둥의 중간부가 가늘고 밑과 위가 굵은 형태임

④ 팔작지붕 – 우진각지붕 위에 맞배지붕을 올려놓은 모습으로, 용마루 부분이 삼각형의 벽을 형성함

23 화가와 작품의 연결이 옳지 않은 것은?

① 정선 – 금강전도

② 김홍도 – 인왕제색도

③ 김정희 – 세한도

④ 안견 – 몽유도원도

〉〉〉〉〉〉〉〉 22.④ 23.②

ADVICE

22 ① 주심포양식은 기둥상부에만 공포를 배치한다. 기둥상부와 기둥사이에 모두 공포를 배치하는 것은 다포양식이다.
　② 고래는 방의 구들장 밑으로 나 있는, 불길과 연기가 통하여 나가는 길이다. 방이나 솥에 불을 때기 위한 구멍은 아궁이다.
　③ 배흘림기둥은 기둥 중간 부분의 배가 약간 부르도록 한 형태이다.

23 ② 인왕제색도는 조선 후기의 화가 겸재 정선이 그린 진경산수화이다.

24 유네스코 지정 세계기록유산 중 지정 시기가 가장 빠른 것과 가장 늦은 것을 순서대로 나열한 것은?

> ㉠ 승정원일기   ㉡ 조선왕조실록
> ㉢ 조선 왕조 의궤   ㉣ 조선왕실 어보와 어책

① ㉠, ㉢   ② ㉡, ㉣

③ ㉢, ㉡   ④ ㉣, ㉠

25 남사당놀이에 관한 설명으로 옳지 않은 것은?

① 국가무형유산이다.

② 꼭두쇠는 우두머리를 지칭한다.

③ '살판'은 줄타기를 이르는 말이다.

④ 놀이를 통해 양반의 부도덕성을 비판하였다.

〉〉〉〉〉〉〉〉   **24.**②   **25.**③

ADVICE

24 ㉠ 승정원일기 – 2001년

㉡ 조선왕조실록 – 1997년

㉢ 조선왕조 의궤 – 2007년

㉣ 조선왕실 어보와 어책 – 2017년

25 ③ 살판은 광대가 몸을 날려 넘는 땅재주를 이르는 말이다.

26 관광기본법상 관광진흥에 관한 기본계획 수립에 포함되어야 하는 내용으로 옳지 않은 것은?

① 관광진흥을 위한 정책의 기본방향

② 관광진흥을 위한 기반 조성에 관한 사항

③ 관광진흥과 관련된 지방자치단체의 역할 분담에 관한 사항

④ 관광진흥을 위한 제도 개선에 관한 사항

27 관광진흥개발기금법령상 납부금의 부과 · 징수 업무의 위탁기관으로 옳지 않은 것은?

① 「항만공사법」에 따른 항만공사

② 지방해양수산청장

③ 「항공사업법」에 따른 공항운영자

④ 「한국산업은행법」에 따른 한국산업은행

〉〉〉〉〉〉〉〉 26.③ 27.④

ADVICE

26 기본계획 수립에 포함되어야 하는 내용〈「관광기본법」 제3조(관광진흥계획의 수립) 제2항〉
　㉠ 관광진흥을 위한 정책의 기본방향
　㉡ 관광의 지속가능한 발전에 관한 사항
　㉢ 국내외 관광여건과 관광 동향에 관한 사항
　㉣ 관광진흥을 위한 기반 조성에 관한 사항
　㉤ 관광취약계층 등을 위한 무장애 관광 환경 조성 및 지원에 관한 사항
　㉥ 관광진흥을 위한 관광사업의 부문별 정책에 관한 사항
　㉦ 관광진흥을 위한 재원 확보 및 배분에 관한 사항
　㉧ 관광진흥을 위한 제도 개선에 관한 사항
　㉨ 관광산업 인력 양성과 근로실태조사 등 관광 종사자의 근무환경 개선을 위한 기반 조성에 관한 사항
　㉩ 관광진흥과 관련된 중앙행정기관의 역할 분담에 관한 사항
　㉪ 관광시설의 감염병 등에 대한 안전 · 위생 · 방역 관리에 관한 사항
　㉫ 그 밖에 관광진흥을 위하여 필요한 사항

27 문화체육관광부장관은 납부금의 부과 · 징수 업무를 지방해양수산청장, 「항만공사법」에 따른 항만공사 및 「항공사업법」에
　따른 공항운영자에게 각각 위탁한다〈「관광진흥개발기금법 시행령」 제22조(납부금 부과 · 징수 업무의 위탁)〉.

28 국제회의산업 육성에 관한 법령상 국제회의집적시설의 지정요건으로 옳지 않은 것은?

① 국제회의집적시설 지정 대상 지역 내에서 개최된 회의에 참가한 외국인이 지정일이 속한 연도의 전년도 기준 8천명 이상일 것
② 해당 시설이 국제회의복합지구 내에 있을 것
③ 해당 시설과 국제회의복합지구 내 전문회의시설 간의 업무제휴 협약이 체결되어 있을 것
④ 해당 시설 내에 외국인 이용자를 위한 안내체계와 편의시설을 갖출 것

29 관광진흥법령상 카지노업의 허가를 받을 수 있는 자는?

① 19세 미만인 자
② 「외국환거래법」을 위반하여 금고 이상의 형을 선고받고 형이 확정된 자
③ 금고 이상의 실형을 선고받고 그 집행이 끝나거나 집행을 받지 아니하기로 확정된 후 2년이 지난 자
④ 금고 이상의 형의 선고유예를 받고 그 유예기간 중에 있는 자

>>>>>>>>> **28.①** **29.③**

28 국제회의집적시설의 지정요건〈「국제회의산업 육성에 관한 법률 시행령」 제13조의4 제1항〉
ㄱ 해당 시설(설치 예정인 시설을 포함)이 국제회의복합지구 내에 있을 것
ㄴ 해당 시설 내에 외국인 이용자를 위한 안내체계와 편의시설을 갖출 것
ㄷ 해당 시설과 국제회의복합지구 내 전문회의시설 간의 업무제휴 협약이 체결되어 있을 것

29 결격사유〈「관광진흥법」 제22조 제1항〉 … 다음의 어느 하나에 해당하는 자는 카지노업의 허가를 받을 수 없다.
ㄱ 19세 미만인 자
ㄴ 「폭력행위 등 처벌에 관한 법률」에 따른 단체 또는 집단을 구성하거나 그 단체 또는 집단에 자금을 제공하여 금고 이상의 형을 선고받고 형이 확정된 자
ㄷ 조세를 포탈(逋脫)하거나 「외국환거래법」을 위반하여 금고 이상의 형을 선고받고 형이 확정된 자
ㄹ 금고 이상의 실형을 선고받고 그 집행이 끝나거나(집행이 끝난 것으로 보는 경우를 포함) 집행을 받지 아니하기로 확정된 후 2년이 지나지 아니한 자
ㅁ 금고 이상의 형의 집행유예를 선고받고 그 유예기간 중에 있는 자
ㅂ 금고 이상의 형의 선고유예를 받고 그 유예기간 중에 있는 자
ㅅ 임원 중에 ㄱ부터 ㅂ까지의 규정 중 어느 하나에 해당하는 자가 있는 법인

30 관광진흥법령상 여행업에 관한 설명으로 옳지 않은 것은?

① 일반여행업의 등록을 한 자는 기획여행을 실시할 수 있다.

② 문화체육관광부장관은 외국인 의료관광의 활성화를 위하여 외국인 의료관광 유치 · 지원 관련 기관에 관광진흥개발기금을 대여할 수 없다.

③ 여행업자는 여행일정을 변경하려면 여행자의 사전 동의를 받아야 한다.

④ 국외여행 인솔자의 자격요건을 갖춘 자가 내국인의 국외여행을 인솔하려면 문화체육관광부장관에게 등록하여야 한다.

31 관광진흥법령상 관광숙박업에 해당하지 않는 것은?

① 가족호텔업

② 호스텔업

③ 외국인관광 도시민박업

④ 소형호텔업

>>>>>>>>> 30.② 31.③

ADVICE

30 ② 문화체육관광부장관은 외국인 의료관광(의료관광이란 국내 의료기관의 진료, 치료, 수술 등 의료서비스를 받는 환자와 그 동반자가 의료서비스와 병행하여 관광하는 것)의 활성화를 위하여 대통령령으로 정하는 기준을 충족하는 외국인 의료관광 유치 · 지원 관련 기관에 「관광진흥개발기금법」에 따른 관광진흥개발기금을 대여하거나 보조할 수 있다〈「관광진흥법」제12조의2(의료관광 활성화) 제1항〉.

31 관광숙박업의 종류

구분		종류
관광 숙박업	호텔업	관광호텔업, 수상관광호텔업, 한국전통호텔업, 가족호텔업, 호스텔업, 소형호텔업, 의료관광호텔업
		휴양 콘도미니엄업

32 관광진흥법령상 3년 이하의 징역 또는 3천만원 이하의 벌금에 처하는 경우에 해당하는 것은? (기출변형)

① 카지노업의 허가를 받지 아니하고 카지노업을 경영한 자

② 허가를 받지 아니하고 테마파크업을 경영한 자

③ 카지노 기구의 검사합격증명서를 훼손하거나 제거한 자

④ 안전성검사를 받지 아니하고 테마파크시설을 설치한 자

33 관광진흥법령상 용어의 정의로 옳지 않은 것은?

① "관광지"란 관광객의 다양한 관광 및 휴양을 위하여 각종 관광시설을 종합적으로 개발하는 관광 거점 지역으로서 이 법에 따라 지정된 곳을 말한다.

② "조성계획"이란 관광지나 관광단지의 보호 및 이용을 증진하기 위하여 필요한 관광시설의 조성과 관리에 관한 계획을 말한다.

③ "소유자등"이란 단독 소유나 공유의 형식으로 관광사업의 일부 시설을 관광사업자로부터 분양받은 자를 말한다.

④ "관광사업자"란 관광사업을 경영하기 위하여 등록·허가 또는 지정을 받거나 신고를 한 자를 말한다.

ADVICE

32 ① 5년 이하의 징역 또는 5천만원 이하의 벌금

③ 2년 이하의 징역 또는 2천만원 이하의 벌금

④ 1년 이하의 징역 또는 1천만원 이하의 벌금

※ 3년 이하의 징역 또는 3천만원 이하의 벌금에 처하는 자〈「관광진흥법」 제82조(벌칙)〉

㉠ 등록을 하지 아니하고 여행업·관광숙박업(사업계획의 승인을 받은 관광숙박업만 해당)·국제회의업 및 관광객 이용시설업을 경영한 자

㉡ 허가를 받지 아니하고 테마파크업을 경영한 자

㉢ 법을 위반하여 시설을 분양하거나 회원을 모집한 자

㉣ 사용중지 등의 명령을 위반한 자

33 ① "관광지"란 자연적 또는 문화적 관광자원을 갖추고 관광객을 위한 기본적인 편의시설을 설치하는 지역으로서 이 법에 따라 지정된 곳을 말한다〈「관광진흥법」 제2조(정의) 제6호〉. 보기의 내용은 "관광단지"에 대한 정의이다.

34 관광진흥법령상 관광개발기본계획에 관한 설명으로 옳지 않은 것은?

① 문화체육관광부장관은 관광개발기본계획을 수립하여야 한다.

② 관광개발기본계획은 5년마다 수립한다.

③ 관광개발기본계획에는 전국의 관광 여건과 관광 동향에 관한 사항을 포함하여야 한다.

④ 문화체육관광부장관은 수립된 관광개발기본계획을 확정하여 공고하려면 관계 부처의 장과 협의하여야
  한다.

35 관광진흥법령상 지역관광협의회의 설립에 관한 설명으로 옳지 않은 것은?

① 관광사업자, 관광 관련 단체 등은 공동으로 지역의 관광진흥을 위하여 광역 및 기초 지방자치단체 단위
  의 지역관광협의회를 설립할 수 있다.

② 지역관광협의회를 설립하려는 자는 해당 지방자치단체의 장의 허가를 받아야 한다.

③ 지역관광협의회는 법인으로 한다.

④ 지방자치단체의 장은 협의회의 운영 등에 필요한 경비를 지원할 수 없다.

〉〉〉〉〉〉〉〉 34.② 35.④

34 관광개발기본계획은 10년마다, 권역별 관광개발계획은 5년마다 수립한다〈「관광진흥법 시행령」 제42조(관광개발계획의 수
  립시기)〉.

35 ④ 협의회의 운영 등에 필요한 경비는 회원이 납부하는 회비와 사업 수익금 등으로 충당하며, 지방자치단체의 장은 협의
  회의 운영 등에 필요한 경비의 일부를 예산의 범위에서 지원할 수 있다〈「관광진흥법」 제48조의9(지역관광협의회 설립)
  제5항〉.

36 아시아태평양관광협회를 지칭하는 약어는?

① UNWTO

② ASTA

③ OECD

④ PATA

37 자연관광자원으로 옳지 않은 것은?

① 기후

② 동물

③ 농장

④ 식물

38 공공주도형 관광개발의 내용으로 옳지 않은 것은?

① 영리목적의 개발

② 중앙정부 주체의 개발

③ 한국관광공사 주체의 개발

④ 공익성 우선 개발

>>>>>>>> 36.④ 37.③ 38.①

ADVICE

36 ④ PATA(Pacific Asia Travel Association, 아시아태평양관광협회) … 아시아·태평양 연안 관광사업자들 간에 상호 관광 관련 정보교환 및 친선도모를 위해 1951년 설립됐다.

① UNWTO(United Nations World Tourism Organization) : 국제연합 세계관광기구

② ASTA(American Society of Travel Agents) : 미주여행자협회

③ OECD(Organization for Economic Cooperation and Development) : 경제협력개발기구

37 자연관광자원에는 산악, 구릉, 해양, 도서, 하천, 호소, 산림, 수목, 화초, 동물, 온천 등이 포함된다.

38 ① 영리목적의 개발은 민간주도형 관광개발의 특징이다. 공공주도형 관광개발은 영리보다 공익성이 우선된다.

39 관광사업의 특성에 관한 설명으로 옳지 않은 것은?

① 사업주체와 내용이 복합적이다.
② 관광지의 입지의존성이 크다.
③ 무형의 서비스가 중요한 사업요소이다.
④ 외부환경 변화에 민감하지 않다.

40 여행업에 관한 내용으로 옳지 않은 것은?

① 시설이용의 알선
② 계약체결의 대리
③ 농산물의 직거래
④ 여행편의 제공

41 다음에서 설명하는 서비스로 옳은 것은?

> 고속성, 안전성, 정시성, 경제성, 쾌적성을 특성으로 하는 서비스를 말한다.

① 항공서비스
② 호텔서비스
③ 카지노서비스
④ 외식서비스

>>>>>>>>> 39.④ 40.③ 41.①

ADVICE

39 ④ 관광사업은 외부환경 변화에 민감하다.

40 여행업이란 여행자 또는 운송시설·숙박시설, 그 밖에 여행에 딸리는 시설의 경영자 등을 위하여 그 시설 이용 알선이나 계약 체결의 대리, 여행에 관한 안내, 그 밖의 여행 편의를 제공하는 업이다〈「관광진흥법」 제3조(관광사업의 종류) 제1항 제1호〉.

41 고속성, 안전성 등의 특성을 통해 보기 중 항공서비스임을 알 수 있다.

42 다음에서 설명하는 것으로 옳은 것은?

> 기업에서 주어진 목적이나 목표달성을 위해 종업원, 거래관계자 등에게 관광이라는 형태로 동기유발을 시키거나 생산효율성을 증대할 수 있는 관광상품

① 컨벤션
② 무역박람회
③ 인센티브 투어
④ 전시회

43 고대 로마시대에 관광이 활성화되었던 이유로 옳지 않은 것은?

① 군사용 도로의 정비
② 물물경제의 도입
③ 다양한 숙박시설의 등장
④ 안정된 치안 유지

〉〉〉〉〉〉〉〉 42.③ 43.②

ADVICE

42 제시된 내용은 인센티브 투어(incentive tour)에 대한 설명으로 포상 여행이라고 할 수 있다.
　① **컨벤션** : 부가가치가 높은 복합 정보형 전시회나 국제회의
　② **무역박람회** : 무역을 촉진할 목적으로 교역대상품목을 전시선전 하기 위하여 계획된 전시설명회
　④ **전시회** : 특정한 물건을 벌여 차려 놓고 일반에게 참고가 되게 하는 모임

43 고대 로마시대에는 치안이 유지되면서 사람들의 삶에 안정이 찾아와 여유가 생기게 되었다. 또한 군사용 도로의 정비와 다양한 숙박시설의 등장으로 여행을 떠나기 편해지면서 관광이 활성화되었다.

44 관광매체 중 공간적 매체에 해당되지 않는 것은?

① 철도

② 항공

③ 호텔

④ 선박

45 관광상품의 특성으로 옳지 않은 것은?

① 비소멸성

② 생산과 소비의 동시성

③ 상호보완성

④ 무형성

46 관광마케팅믹스 중 전통적 마케팅믹스(4Ps)가 아닌 것으로만 짝지어진 것은?

① Product, People

② Place, Process

③ People, Physical Evidence

④ Price, Promotion

>>>>>>>> 44.③ 45.① 46.③

ADVICE

44 공간적 매체는 교통기관, 도로, 운수시설 등이 해당한다. 숙박시설, 휴식시설, 오락시설은 시간적 매체이며, 여행업, 통역안내업, 기념품판매업 등은 기능적 매체이다.

45 ① 관광상품은 서비스로 소멸성을 가진다.
※ 관광상품의 특성 … 무형성, 소멸성, 동시성, 이질성, 계절성, 동질성, 보완성

46 관광마케팅믹스 8Ps
㉠ 전통적 마케팅믹스 : 상품(Product), 가격(Price), 유통(Place), 촉진(Promotion)
㉡ 확장된 마케팅믹스 : 패키징(Packaging), 프로그래밍(Programming), 파트너쉽(Partnership), 종사원(People)
※ 관광마케팅믹스의 신개념 4Cs … 고객가치(Customer value), 고객비용(Cost to the customer), 편리성(Convenience), 커뮤니케이션(Communication)

47 다음에서 설명하는 관광의 개념은?

사회적 약자, 소외계층들에게 관광체험의 기회를 부여하여 개인의 자아실현이나 삶의 질 향상을 실현하는 사회복지 차원의 관광

① 다크투어리즘(Dark Tourism)
② 그랜드 투어(Grand Tour)
③ 녹색관광(Green Tourism)
④ 소셜투어리즘(Social Tourism)

48 Alternative Tourism(대안관광)의 유사 개념으로 옳지 않은 것은?

① Soft Tourism(연성관광)
② High Impact Tourism(하이 임펙트 투어리즘)
③ Appropriate Tourism(적정관광)
④ Green Tourism(녹색관광)

>>>>>>>> 47.④ 48.②

ADVICE

47 제시된 내용은 소셜투어리즘에 대한 설명이다.
　① 다크투어리즘(Dark Tourism) : 잔혹한 참상이 벌어졌던 역사적 장소나 재난 · 재해 현장을 돌아보는 여행
　② 그랜드 투어(Grand Tour) : 17~19세기 초까지 특히 영국 상류층 자제들 사이에서 유행한 유럽여행
　③ 녹색관광(Green Tourism) : 농촌의 자연경관과 전통문화, 생활과 산업을 매개로 도시민과 농촌주민 간의 교류 형태로 추진되는 체류형 관광

48 Alternative Tourism(대안관광) … 소규모집단으로 이루어지며, 경제적인 편익도 적절하게 제공하는 동시에 자연환경에 부정적 영향을 적게 주는 바람직한 관광으로 관광객의 수와 유형, 행동, 자원에 미치는 영향, 수용력, 경제 누수효과, 지역참여 측면에서 기존의 대중관광과는 다른 특성을 갖고 있는 관광이다.

49 IATA 항공사 코드와 항공사의 연결로 옳지 않은 것은?

① BX – 에어부산

② AK – 에어아시아

③ LJ – 제주항공

④ TW – 티웨이항공

50 다음에서 설명하는 것으로 옳은 것은?

> 총회, 컨벤션, 컨퍼런스 등의 회의에 보조적으로 개최되는 짧은 교육프로그램으로, 특정문제나 과제에 관한 새로운 지식, 기술, 아이디어 등을 교환하고 교육하는 30명 내외의 소규모 회의

① 워크숍(Workshop)

② 패널토의(Panel Discussion)

③ 콩그레스(Congress)

④ 포럼(Forum)

〉〉〉〉〉〉〉〉 **49.③ 50.①**

ADVICE

49 주요 항공사의 IATA 항공사 코드는 대한항공은 KE, 아시아나항공 OZ, 제주항공 7C, 진에어 LJ, 이스타항공 ZE, 에어부산 BX, 에어서울 RS, 티웨이항공 TW 등이다.

50 제시된 내용은 워크숍에 대한 설명이다.
　② **패널토의**(Panel Discussion) : 토의에 참가하는 약 3~4명의 배심원과 다수의 일반 청중으로 구성되며, 특정 주제에 대해 상반되는 견해를 대표하는 몇몇 사람들이 사회자의 진행에 따라 토의하는 형태이다.
　③ **콩그레스**(Congress) : 보통 국제적으로 열리는 회의를 지칭하며 대규모의 실무회의 형태이다.
　④ **포럼**(Forum) : 사회자의 지도 아래 한 사람 또는 여러 사람이 연설을 한 다음, 그에 대하여 청중이 질문하는 형태의 공개 토론이다.

2019년 기출문제분석

 **국사**

---

1 일제의 민족 말살 정책과 관련이 깊은 것은?

① 문화 통치

② 황국신민화 정책

③ 병참 기지화 정책

④ 헌병 경찰제도

>>>>>>>> 1.②

ADVICE

1 민족 말살 정책은 일제가 우리 민족을 말살하고 이른바 황국신민화하기 위해 취한 1930년대의 식민정책이다. 일제는 '내선일체(內鮮一體)'를 내세우며 '조선인은 대일본제국의 신민이다. 합심하여 천황폐하께 충성을 다하자'는 내용의 「황국신민서사(皇國臣民誓詞)」를 만들어 제창하게 하였다. 1938년에는 학교에서 조선어 교육을 모두 폐지하고 일본어를 상용케 하며 창씨개명을 강요하는 등의 민족 말살 정책을 자행했다.

① **문화 통치** : 3·1 운동 이후 무력과 강압으로 우리 민족을 지배하기 어렵다는 것을 깨달은 일제가 1920년대에 취한 식민정책으로, 한민족의 문화와 관습을 존중하며 한국인의 이익을 위한다는 명목 아래 친일파를 대거 양성하는 문화 통치를 내세웠다.

③ **병참 기지화 정책** : 일제가 1931년 만주사변을 전후한 시기부터 1945년 광복될 때까지 한반도를 일본의 대륙 침략 및 태평양전쟁을 위한 전쟁 및 군수물자의 공급기지로 이용한 식민정책이다.

④ **헌병 경찰제도** : 헌병으로 하여금 군사·경찰뿐 아니라 일반 치안 유지를 위한 경찰 업무도 담당하게 한 제도로, 1910년대 일제의 식민정책인 무단 통치를 뒷받침하였다.

2 위정척사에 관한 설명으로 옳은 것은?

① 위정척사론자들은 개화운동의 뿌리가 되었다.

② '척사'는 성리학 이외의 사상이라도 무조건 배척만은 하지 말자는 것이다.

③ 반계 유형원은 위정척사 운동의 사상을 제시했다.

④ '위정'은 정학인 성리학을 옹호하는 것이다.

3 청동기 시대의 토기가 아닌 것은?

① 민무늬 토기
② 미송리식 토기
③ 덧무늬 토기
④ 붉은 간 토기

4 김해 지역에서 출토된 외래계 유물이 아닌 것은?

① 유목민족의 조리 도구인 청동솥
② 일본열도에서 들어온 방패 장식용 파형 청동기
③ 일본산 토기
④ 소그드 은화

>>>>>>>> 2.④ 3.③ 4.④

ADVICE

2 '위정척사(衛正斥邪)'란 1860년대 이후 이항로, 기정진 등 보수적인 유학자를 중심으로 형성된 반침략·반외세의 정치사상이다. 위정(衛正)이란 바른 것, 즉 성리학과 성리학적 질서를 수호하자는 것이고, 척사(斥邪)란 사악한 것, 즉 성리학 이외의 모든 종교와 사상을 배척하자는 것이다.

3 ③ 덧무늬 토기는 빗살무늬 토기와 함께 신석기 시대를 대표하는 토기이다.

4 ④ 소그드 은화는 발해의 옛 성터(러시아 연해주 노보고르데예프카 성터)에서 출토된 중앙아시아의 유물로, 당시 발해와 중앙아시아의 교역을 보여주는 중요한 문화재이다.

5 제1차 김홍집 내각에 관한 설명으로 옳은 것은?

① 민씨 정권이 무너지고 등장했다.

② 흥선 대원군과 대립하였다.

③ 갑오개혁이 실패한 후 등장했다.

④ 최초의 근대신문인 한성순보를 발행하였다.

6 백제인에 관한 설명으로 옳지 않은 것은?

① 투호와 바둑 및 장기를 즐겼다.

② 키가 크고 의복이 깔끔하였다.

③ 씨름하는 장면이 그려진 벽화를 남겼다.

④ 상무적 기풍이 강하였다.

〉〉〉〉〉〉〉〉 5.① 6.③

5 갑오변란(일본군이 군대를 동원해 경복궁에 침입하여 민씨 정권을 몰아낸 사건)으로 민씨 정권이 무너지고, 대원군을 섭정으로 내세운 1차 김홍집 내각은 1차 갑오개혁(1894)을 추진하였다. 이 내각의 개혁 정책은 초정부적 비상 기구인 군국기무처를 중심으로 추진되었으며, 당시 군국기무처에는 박정양, 유길준 등의 개화 인사들이 참여하여 개혁 정책을 결정하였다. 또한 국가 재정을 탁지아문의 관할로 일원화시켰다.

6 ③ 씨름하는 장면이 그려진 벽화는 고구려 고분인 각저총에서 발견된 씨름도이다.

※ 각저총 씨름도

7 동서 문화 교류가 활발했다는 사실을 증명하는 유물이 아닌 것은?

① 발해 석등

② 경주 계림로 보검

③ 원성왕릉의 무인 석상

④ 동경 용원부의 삼존불상

8 장면 내각에 관한 설명으로 옳지 않은 것은?

① 부정 선거 관련자 처벌을 비롯한 정의사회구현을 국정 목표로 삼았다.

② 지방 자치제를 전면적으로 실시했다.

③ 내각 책임제와 국회 양원제를 채택했다.

④ 국토 건설 사업을 실시했다.

ADVICE

7 ② 경주 계림로 보검은 미추왕릉지구에서 발굴된 신라 때의 보검이다. 이 보검 장식은 삼국시대의 고분에서 출토되는 환두태도 등 여러 종류의 칼과는 그 형태가 다르고, 표면에 나타난 장식 등에서 서구 문화의 영향을 엿볼 수 있다.

③ 원성왕릉의 무인 석상은 눈이 깊고 코가 우뚝한 소그드인의 모습으로 동서 문화 교류를 보여준다.

④ 발해 수도였던 동경 용원부에서 발견된 삼존불상 가운데 우협시(향좌) 보살상은 십자가 목걸이를 하고 있다. 이는 발해에 크리스트교를 믿는 외국인들이 많이 머물고 있었다는 것을 추론할 수 있게 한다.

8 ① 4·19 혁명으로 자유당 정권이 붕괴되면서 정국은 혼란스러워졌다. 장면 내각은 사회 질서를 안정시키고 국가 안보 체제를 확립하면서 경제·사회 발전을 통해 국력을 신장하여 민족의 숙원인 평화 통일을 앞당기는 과제를 안고 있었다.

9 다음 중 가장 이른 시기에 발생한 사건은?

① 묘청의 난
② 강동 6주 획득
③ 강조의 정변
④ 귀주대첩

10 고려시대 불교에 관한 설명으로 옳지 않은 것은?

① 왕자 출신의 의천은 교종을 중심으로 불교계를 통합하려 하였다.
② 선종 승려인 지눌은 정혜쌍수를 주장하였고, 수선사 결사운동을 이끌었다.
③ 광종대 대장경을 만들고, 승과를 실시하였다.
④ 선종 승려인 보우와 혜근은 원나라로부터 임제종을 수입하였다.

〉〉〉〉〉〉〉〉 9.② 10.③

ADVICE

9 ① 묘청의 난 – 1135년(인종 13)
② 강동 6주 획득 – 933년(태조 16)
③ 강조의 정변 – 1009년(목종 12)
④ 귀주대첩 – 1018년(현종 9)

10 광종 때 승과를 비롯한 과거제가 실시되었으나, 고려 대장경은 그 이후 현종 때 시작되어 고종 때 완성되었다.

11 고려시대 토지제도에 관한 설명으로 옳지 않은 것은?

① 수조권에 따라 공전과 사전으로 구분되었다.

② 전시과 제도는 문종대 시작하여 성종대 완성되었다.

③ 공민왕은 신돈을 등용하였고, 전민변정도감을 설치하여 전제개혁을 시도하였다.

④ 공양왕대 과전법이 실시되어, 이성계 일파 중심으로 수조권이 재분배되었다.

12 조선의 대외관계에 관한 설명으로 옳지 않은 것은?

① 조선은 두만강 유역에 4군을, 압록강 중류에 6진을 설치하였다.

② 일본과는 계해약조를 맺고 부산포, 제포, 염포에서 무역을 허용하였다.

③ 명나라와는 조공무역을 하고 책봉을 받았다.

④ 여진족에 대해서는 귀화와 조공을 적극 유도하면서 토벌정책도 병행하였다.

〉〉〉〉〉〉〉〉　11.②　12.①

ADVICE

11　② 전시과 제도는 경종(시정 전시과) 때 시작하여, 목종(개정 전시과) 때 정비를 거쳐 문종(경정 전시과) 때 완성되었다.

※ 고려의 토지제도

구분	역분전	시정 전시과	개정 전시과	경정 전시과
지급 시기	태조(940)	경종(976)	목종(998)	문종(1076)
지급 기준	공로	관품 + 인품	관품	관품
지급 대상	공신	전 · 현직 관료	전 · 현직 관료	현직 관료

12　① 4군은 압록강 상류 지역으로 최윤덕이 확보한 지역이고, 6진은 두만강 유역으로 김종서가 개척한 지역이다.

※ 4군 6진

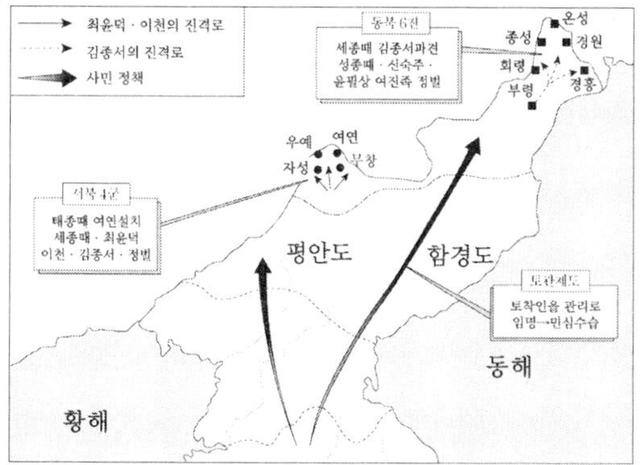

13 조선 후기의 세제 개편에 관한 설명으로 옳은 것은?

① 전세는 연분9등법에 의해 운영되었다.

② 공물은 대동법 시행에 따라 호적에 기재된 인정의 다소에 따라 부과하였다.

③ 군역 부담을 줄이기 위해 군포를 2필에서 1필로 감하였다.

④ 요역은 8결 당 1명의 인원을 기준으로 부과하였다.

14 다음 사건의 배경이 된 지역은?

> 1811년 지역 차별에 불만을 품은 상인, 향임층, 무사, 유랑농민 등이 주축이 되어 발생한 민란으로 9개 읍을 점령하는 등 위세를 떨쳤다.

① 전라도   ② 경상도

③ 평안도   ④ 함경도

15 다음 중 세종대에 만들어진 것은?

① 국조오례의   ② 여지도서

③ 혼일강리역대국도지도   ④ 칠정산

>>>>>>>> **13.③ 14.③ 15.④**

ADVICE

13 ① 연분 9등법은 조선 세종 때 실시한 조세 제도로, 토지세에 토지 1결당 풍흉에 따라서 최저 4두에서 최고 20두를 납부하는 조세 제도이다.

　② 대동법은 공물을 거두는 기준을 가호(호당징수)에서 토지(결당징수)로 바꾸었다.

　④ 8결당 1명의 인원을 기준으로 요역을 부과한 것은 성종대이다.

14 제시된 내용은 19세기 초 지방 차별과 조정의 부패에 항거하여 홍경래 · 우군칙 등의 주도로 평안도에서 일어난 농민항쟁인 홍경래의 난에 대한 설명이다.

15 ④ 우리 실정에 맞는 역법인 칠정산은 조선 세종대에 만들어진 것이다.

　① 국조오례의 : 세종 때 시작하여 성종 때 완성하였다.

　② 여지도서 : 영조

　③ 혼일강리역대국도지도 : 태종

16 국내여행안내사 A가 사용한 해설기법은?

> 국내여행안내사 A는 국립박물관 입구에서 관광객 그룹을 대상으로 먼저 박물관에
> 대해 대략적인 설명을 한 다음 그 그룹과 동행하면서 관람동선에 있는 주요 전시물
> 을 흥미롭게 설명하였다.

① 담화해설기법
② 이동식해설기법
③ 자기안내해설기법
④ 매체이용해설기법

17 우리나라 전통 건축양식에 관한 설명으로 옳지 않은 것은?

① 배흘림기둥은 원형기둥의 중간부가 굵고 상부와 하부가 가늘게 된 건축양식이다.
② 주심포양식은 기둥 위에만 포가 놓인 공포형식이다.
③ 다포양식은 기둥 위와 기둥사이에 포가 놓인 공포형식이다.
④ 치미는 추녀마루 끝에 위치하는 이무기 꼬리 모양의 장식이다.

>>>>>>>> 16.② 17.④

ADVICE

16 관광객 그룹과 동행하면서 관람동선에 있는 주요 전시물을 설명하고 있으므로 이동식해설기법이다.

17 ④ 치미는 용마루 양끝에 장식하였던 날짐승 꼬리 모양의 장식기와이다.

18 조선시대 서원에 관한 설명으로 옳지 않은 것은?

① 서원은 국립 교육기관으로 국가 지원을 받았다.

② 최초의 서원은 주세붕이 설립한 백운동서원이다.

③ 서원은 지방에 소재한 교육기관이었다.

④ '한국의 서원'으로 유네스코 세계유산에 등재되었다.

19 유네스코 무형문화유산으로 등재된 것을 모두 고른 것은?

㉠ 종묘제례 및 종묘제례악	㉡ 판소리
㉢ 강릉단오제	㉣ 화성

① ㉠, ㉣   ② ㉡, ㉢

③ ㉢, ㉣   ④ ㉠, ㉡, ㉢

>>>>>>>> 18.①   19.④

ADVICE

18 ① 서원은 학문연구와 선현제향을 위하여 사림에 의해 설립된 사설 교육기관이다.

19 ④ 화성은 유네스코 세계유산으로 등재되었다. 유네스코 유산은 세계유산, 무형문화유산, 세계기록유산으로 구분된다.
　　※ 한국의 유네스코 무형문화유산(23종) ··· 종묘제례 및 종묘제례악(2001), 판소리(2003), 강릉단오제(2005), 강강술래(2009), 남사당놀이(2009), 영산재(2009), 제주 칠머리당 영등굿(2009), 처용무(2009), 가곡(2010), 대목장(2010), 매사냥(2010), 줄타기(2011), 택견(2011), 한산 모시짜기(2011), 아리랑(2012), 김장(2013), 농악(2014), 줄다리기(2015), 제주해녀문화(2016), 씨름(2018), 연등회(2020), 한국의 탈춤(2022), 한국의 장 담그기 문화(2024)

20 한글에 관한 설명으로 옳은 것은?

① 조선정부는 용비어천가를 한글로 지어 조선 건국의 정당성과 역사성을 강조하였다.

② 1446년에 훈민정음이 창제되었다.

③ 한글의 창제 원리는 인의예지신 오상이다.

④ 훈민정음은 28자의 표의문자이다.

21 우리나라 국립공원 중 해상 면적이 큰 순서대로 올바르게 나열한 것은?

① 한려해상 〉 다도해해상 〉 변산반도 〉 태안해안

② 한려해상 〉 다도해해상 〉 태안해안 〉 변산반도

③ 다도해해상 〉 한려해상 〉 변산반도 〉 태안해안

④ 다도해해상 〉 한려해상 〉 태안해안 〉 변산반도

22 댐과 강유역명의 연결이 옳지 않은 것은?

① 팔당댐 – 한강유역   ② 충주댐 – 금강유역

③ 안동댐 – 낙동강유역   ④ 장성댐 – 영산강유역

〉〉〉〉〉〉〉〉 20.① 21.④ 22.②

20 ② 훈민정음은 1443년(세종 25)에 창제되어 1446년(세종 28)에 반포되었다.

③ 한글의 창제 원리는 천지인(天地人) 3재(才)를 본땄다는 것이 정설이다.

④ 훈민정음은 말소리를 그대로 기호로 나타낸 표음문자이다.

21 • 다도해해상 : 전제 면적 2,266.221㎢ 중 육지 291.023㎢, 해상 1,975.198㎢

• 한려해상 : 전체 면적 535.676㎢ 중 76%(약 407.114㎢)가 해상 면적이다.

• 태안해안 : 태안반도와 안면도를 남북으로 아우른 230km의 해안선에 27개의 해변이 펼쳐지며, 전체 면적은 377.019㎢
이다.

• 변산반도 : 전체 면적 153.934㎢ 중 육상 면적이 89%, 해상 면적이 11%를 차지한다.

22 ② 충주댐은 남한강유역이다.

23 지역과 특산물의 연결이 옳지 않은 것은?

    ① 금산 – 인삼   ② 통영 – 나전칠기

    ③ 안성 – 목기   ④ 봉화 – 송이

24 24 절기(節氣) 중 18번째 절기로 서리가 내리기 시작하는 시기는?

    ① 처서   ② 백로

    ③ 상강   ④ 한로

25 우리나라 전통연극에 관한 설명으로 옳은 것은?

    ① 고성 오광대놀이의 등장인물은 양반, 각시, 장자마리 등이다.

    ② 남사당놀이는 풍물, 버나, 살판, 어름, 덧뵈기, 덜미 등으로 구성된다.

    ③ 택견은 국가무형문화재로 유네스코 인류무형문화유산으로 등재될 예정이다.

    ④ 송파 산대놀이는 국가무형문화재로 꼭두쇠를 중심으로 한 유랑 남성들이 연희하는 마당놀이이다.

>>>>>>>>   **23.**③ **24.**③ **25.**②

ADVICE

23 ③ 안성의 특산물은 유기이다.

24 입춘(立春)을 시작으로 18번째에 해당하는 절기는 상강(霜降)이다.

    ※ 24절기

계절	절기					
봄	입춘(立春)	우수(雨水)	경칩(驚蟄)	춘분(春分)	청명(淸明)	곡우(穀雨)
여름	입하(立夏)	소만(小滿)	망종(芒種)	하지(夏至)	소서(小暑)	대서(大暑)
가을	입추(立秋)	처서(處暑)	백로(白露)	추분(秋分)	한로(寒露)	상강(霜降)
겨울	입동(立冬)	소설(小雪)	대설(大雪)	동지(冬至)	소한(小寒)	대한(大寒)

25 ① 양반, 각시, 장자마리, 시시딱딱이가 등장하는 전통놀이는 강릉 관노가면극이다. 고성 오광대놀이는 다섯 명의 광대가 탈을 쓴 채 태평소·북·장구·꽹과리·징 등의 연주에 맞춰 춤을 추며 대사를 주고받는 가면극이다.

    ③ 택견은 2011년에 유네스코 인류무형문화유산으로 등재되었다.

    ④ 국가무형문화재로 꼭두쇠를 중심으로 한 유랑 남성들이 연희하는 마당놀이는 남사당놀이이다.

26 관광진흥개발기금법령상 관광진흥개발기금에 관한 설명으로 옳은 것은?

① 선박을 이용하여 출국하는 자는 1만 원의 관광진흥개발기금을 납부하여야 한다.

② 한국산업은행이 관광진흥개발기금의 대여업무를 할 경우에는 미리 기금대여업무계획을 작성하여 기획재정부장관의 승인을 받아야 한다.

③ 관광진흥개발기금의 기금지출관은 기금출납보고서를 그 행위를 한 달의 말일을 기준으로 작성하여 다음 달 10일까지 기획재정부장관에게 제출하여야 한다.

④ 문화체육관광부장관은 회계연도마다 기금의 결산보고서를 작성하여 다음 연도 2월 말일까지 기획재정부장관에게 제출하여야 한다.

〉〉〉〉〉〉〉〉 26.④

ADVICE

26 ④「관광진흥개발기금법 시행령」 제21조(결산보고)

① 법 제2조 제3항에 따른 납부금은 7천 원으로 한다. 다만, 선박을 이용하는 경우에는 1천 원으로 한다〈「관광진흥개발기금법 시행령」 제1조의2(납부금의 납부대상 및 금액) 제2항〉.

② 한국산업은행이 제3조에 따라 기금의 대여업무를 할 경우에는 미리 기금대여업무계획을 작성하여 문화체육관광부장관의 승인을 받아야 한다〈「관광진흥개발기금법 시행령」 제9조(대여업무계획의 승인)〉.

③ 기금재무관은 기금지출원인행위액보고서를, 기금지출관은 기금출납보고서를 그 행위를 한 달의 말일을 기준으로 작성하여 다음 달 15일까지 기획재정부장관에게 제출하여야 한다〈「관광진흥개발기금법 시행령」 제16조(기금지출원인행위액보고서 등의 작성·제출)〉.

27 국제회의산업 육성에 관한 법령상 국제회의도시의 지정기준이 아닌 것은?

① 지정대상 도시 전체가 국제회의복합지구로 지정되어 있을 것

② 지정대상 도시에 숙박시설·교통시설·교통안내체계 등 국제회의 참가자를 위한 편의시설이 갖추어져 있을 것

③ 지정대상 도시에 국제회의시설이 있고, 해당 특별시·광역시 또는 시에서 이를 활용한 국제회의산업 육성에 관한 계획을 수립하고 있을 것

④ 지정대상 도시 또는 그 주변에 풍부한 관광자원이 있을 것

28 관광기본법상 관광진흥계획의 수립 및 연차보고에 관한 설명으로 옳지 않은 것은?

① 정부는 관광진흥에 관한 기본계획을 5년마다 수립·시행하여야 한다.

② 관광진흥에 관한 기본계획은 국가관광전략회의의 심의를 거쳐 확정한다.

③ 정부는 관광진흥에 관한 기본계획에 따라 매년 시행계획을 수립·시행하고 그 추진실적을 평가하여 기본계획에 반영하여야 한다.

④ 정부는 매년 관광진흥에 관한 시책과 동향에 대한 보고서를 정기국회가 시작하기 7일 전까지 국회에 제출하여야 한다.

ADVICE

27 국제회의도시의 지정기준〈「국제회의산업 육성에 관한 법률 시행령」 제13조〉

  ㉠ 지정대상 도시에 국제회의시설이 있고, 해당 특별시·광역시 또는 시에서 이를 활용한 국제회의산업 육성에 관한 계획을 수립하고 있을 것

  ㉡ 지정대상 도시에 숙박시설·교통시설·교통안내체계 등 국제회의 참가자를 위한 편의시설이 갖추어져 있을 것

  ㉢ 지정대상 도시 또는 그 주변에 풍부한 관광자원이 있을 것

28 ④ 정부는 매년 관광진흥에 관한 시책과 동향에 대한 보고서를 정기국회가 시작하기 전까지 국회에 제출하여야 한다〈「관광기본법」 제4조(연차보고)〉.

29 관광진흥법령상 테마파크업자가 테마파크시설의 사용중지 등 필요한 조치를 취하고 사고보고를 해야 하는 중대한 사고에 해당하지 않는 경우는? (기출변형)

① 사망자가 발생한 경우

② 사고 발생일부터 3일 이내에 실시된 의사의 최초 진단결과 2주 이상의 입원 치료가 필요한 부상자가 동시에 3명 이상 발생한 경우

③ 사고 발생일부터 3일 이내에 실시된 의사의 최초 진단결과 1주 이상의 입원 치료가 필요한 부상자가 동시에 5명 이상 발생한 경우

④ 테마파크시설의 운행이 10분 이상 중단되어 인명 구조가 이루어진 경우

30 관광진흥법령상 (   )에 들어갈 내용을 순서대로 올바르게 나열한 것은?

> 문화체육관광부장관은 관광자원을 효율적으로 개발하고 관리하기 위하여 전국을 대상으로 관광개발기본계획을 (㉠)년마다 수립하며, 권역별 관광개발계획은 (㉡)년마다 수립한다.

① ㉠ : 10, ㉡ : 5

② ㉠ : 15, ㉡ : 5

③ ㉠ : 15, ㉡ : 10

④ ㉠ : 20, ㉡ : 10

>>>>>>>> **29.④ 30.①**

ADVICE

29 테마파크시설 등에 의한 중대한 사고〈「관광진흥법 시행령」 제31조의2〉
 ㉠ 사망자가 발생한 경우
 ㉡ 의식불명 또는 신체기능 일부가 심각하게 손상된 중상자가 발생한 경우
 ㉢ 사고 발생일부터 3일 이내에 실시된 의사의 최초 진단결과 2주 이상의 입원 치료가 필요한 부상자가 동시에 3명 이상 발생한 경우
 ㉣ 사고 발생일부터 3일 이내에 실시된 의사의 최초 진단결과 1주 이상의 입원 치료가 필요한 부상자가 동시에 5명 이상 발생한 경우
 ㉤ 테마파크시설의 운행이 30분 이상 중단되어 인명 구조가 이루어진 경우

30 관광개발계획의 수립시기〈「관광진흥법 시행령」 제42조〉
 ㉠ 법 제49조 제1항에 따른 관광개발기본계획은 10년마다 수립한다.
 ㉡ 문화체육부장관은 사회적·경제적 여건 변화 등을 고려하여 5년마다 제1항에 따른 관광개발기본계획을 전반적으로 재검토하고 개선이 필요한 사항을 정비해야 한다.
 ㉢ 법 제49조 제2항에 따른 권역별 관광개발계획은 5년마다 수립한다.

31 관광진흥법령상 과태료를 부과하는 경우가 아닌 것은?

① 카지노사업자가 영업준칙을 지키지 아니한 경우
② 유원시설업에 종사하는 안전관리자가 안전교육을 받지 아니한 경우
③ 관광통역안내의 자격을 가진 사람이 관광안내를 할 때 자격증을 달지 아니한 경우
④ 허가를 받지 아니하고 종합유원시설업 및 일반유원시설업을 경영한 경우

32 관광진흥법령상 관광특구진흥계획의 수립 내용에 포함해야 할 사항이 아닌 것은?

① 내국인 관광객 유치 인원 실태조사 강구
② 관광불편신고센터의 운영계획
③ 범죄예방 계획 및 바가지 요금, 퇴폐행위, 호객행위 근절 대책
④ 외국인 관광객을 위한 토산품 등 관광상품 개발·육성계획

>>>>>>>>> 31.④ 32.①

ADVICE

31 과태료〈「관광진흥법」 제86조〉
  ㉠ 다음의 어느 하나에 해당하는 자에게는 500만 원 이하의 과태료를 부과한다.
  • 제33조의2(사고보고의무 및 사고조사) 제1항에 따른 통보를 하지 아니한 자
  ㉡ 다음의 어느 하나에 해당하는 자에게는 100만 원 이하의 과태료를 부과한다.
  • 제10조(관광표지의 부착 등) 제3항을 위반한 자
  • 제28조(카지노사업자 등의 준수 사항) 제2항 전단을 위반하여 영업준칙을 지키지 아니한 자
  • 제33조(안전성검사 등) 제3항을 위반하여 안전교육을 받지 아니한 자
  • 제33조(안전성검사 등) 제4항을 위반하여 안전관리자에게 안전교육을 받도록 하지 아니한 자
  • 제38조(관광종사원의 자격 등) 제7항을 위반하여 자격증을 달지 아니한 자
  • 제48조의10(한국관광 품질인증) 제3항을 위반하여 인증표지 또는 이와 유사한 표지를 하거나 한국관광 품질인증을 받은 것으로 홍보한 자

32 특별자치시장·특별자치도지사·시장·군수·구청장은 다음 각 호의 사항이 포함된 진흥계획을 수립·시행한다〈「관광진흥법 시행령」 제59조(관광특구진흥계획의 수립·시행) 제2항〉.
  ㉠ 외국인 관광객을 위한 관광편의시설의 개선에 관한 사항
  ㉡ 특색 있고 다양한 축제, 행사, 그 밖에 홍보에 관한 사항
  ㉢ 관광객 유치를 위한 제도개선에 관한 사항
  ㉣ 관광특구를 중심으로 주변지역과 연계한 관광코스의 개발에 관한 사항
  ㉤ 그 밖에 관광질서 확립 및 관광서비스 개선 등 관광객 유치를 위하여 필요한 사항으로서 문화체육관광부령으로 정하는 사항〈이하 「관광진흥법 시행규칙」 제65조(관광특구진흥계획의 수립 내용)〉
  • 범죄예방 계획 및 바가지 요금, 퇴폐행위, 호객행위 근절 대책
  • 관광불편신고센터의 운영계획
  • 관광특구 안의 접객시설 등 관련시설 종사원에 대한 교육계획
  • 외국인 관광객을 위한 토산품 등 관광상품 개발·육성계획

33 관광진흥법령상 호텔업의 종류에 관한 설명으로 옳은 것은?

① 호스텔업 : 관광객의 숙박에 적합한 시설을 소규모로 갖추고 숙박에 딸린 음식·운동·휴양 또는 연수에 적합한 시설을 함께 갖추어 관광객에게 이용하게 하는 업

② 관광호텔업 : 관광객의 숙박에 적합한 시설을 갖추어 관광객에게 이용하게 하고 숙박에 딸린 음식·운동·오락·휴양·공연 또는 연수에 적합한 시설 등을 함께 갖추어 관광객에게 이용하게 하는 업

③ 소형호텔업 : 배낭여행객 등 개별 관광객의 숙박에 적합한 시설로서 샤워장, 취사장 등의 편의시설과 외국인 및 내국인 관광객을 위한 문화·정보 교류시설 등을 함께 갖추어 이용하게 하는 업

④ 가족호텔업 : 숙박시설을 운영하고 있는 자가 자연·문화 체험관광에 적합한 시설을 갖추어 관광객에게 이용하게 하는 업

ADVICE

33 호텔업의 종류〈「관광진흥법 시행령」 제2조(관광사업의 종류) 제2호〉

㉠ **관광호텔업** : 관광객의 숙박에 적합한 시설을 갖추어 관광객에게 이용하게 하고 숙박에 딸린 음식·운동·오락·휴양·공연 또는 연수에 적합한 시설 등을 함께 갖추어 관광객에게 이용하게 하는 업

㉡ **수상관광호텔업** : 수상에 구조물 또는 선박을 고정하거나 매어 놓고 관광객의 숙박에 적합한 시설을 갖추거나 부대시설을 함께 갖추어 관광객에게 이용하게 하는 업

㉢ **한국전통호텔업** : 한국전통의 건축물에 관광객의 숙박에 적합한 시설을 갖추거나 부대시설을 함께 갖추어 관광객에게 이용하게 하는 업

㉣ **가족호텔업** : 가족단위 관광객의 숙박에 적합한 시설 및 취사도구를 갖추어 관광객에게 이용하게 하거나 숙박에 딸린 음식·운동·휴양 또는 연수에 적합한 시설을 함께 갖추어 관광객에게 이용하게 하는 업

㉤ **호스텔업** : 배낭여행객 등 개별 관광객의 숙박에 적합한 시설로서 샤워장, 취사장 등의 편의시설과 외국인 및 내국인 관광객을 위한 문화·정보 교류시설 등을 함께 갖추어 이용하게 하는 업

㉥ **소형호텔업** : 관광객의 숙박에 적합한 시설을 소규모로 갖추고 숙박에 딸린 음식·운동·휴양 또는 연수에 적합한 시설을 함께 갖추어 관광객에게 이용하게 하는 업

㉦ **의료관광호텔업** : 의료관광객의 숙박에 적합한 시설 및 취사도구를 갖추거나 숙박에 딸린 음식·운동 또는 휴양에 적합한 시설을 함께 갖추어 주로 외국인 관광객에게 이용하게 하는 업

34 관광진흥법령상 관광객 이용시설업의 종류가 아닌 것은?

① 전문휴양업

② 관광공연장업

③ 관광유람선업

④ 관광순환버스업

35 관광진흥법령상 호텔업 등록을 한 자가 등급결정을 신청하여야 하는 호텔업을 모두 고른 것은? (기출변형)

㉠ 관광호텔업	㉡ 가족호텔업
㉢ 소형호텔업	㉣ 수상관광호텔업

① ㉠, ㉡

② ㉡, ㉢

③ ㉠, ㉢, ㉣

④ ㉠, ㉡, ㉢, ㉣

ADVICE

34 관광객 이용시설업의 종류〈「관광진흥법 시행령」 제2조(관광사업의 종류) 제3호〉
　㉠ 전문휴양업
　㉡ 종합휴양업
　㉢ 야영장업 : 일반야영장업, 자동차야영장업
　㉣ 관광유람선업 : 일반관광유람선업, 크루즈업
　㉤ 관광공연장업
　㉥ 외국인관광 도시민박업
　㉦ 한옥체험업

35 문화체육관광부장관은 관광숙박시설 및 야영장 이용자의 편의를 돕고, 관광숙박시설·야영장 및 서비스의 수준을 효율적으로 유지·관리하기 위하여 관광숙박업자 및 야영장업자의 신청을 받아 관광숙박업 및 야영장업에 대한 등급을 정할 수 있다. 다만, 제4조 제1항에 따라 호텔업 등록을 한 자 중 대통령령으로 정하는 자는 등급결정을 신청하여야 한다〈「관광진흥법」 제19조(관광숙박업 등의 등급) 제1항〉.
　법 제19조 제1항 단서에서 "대통령령으로 정하는 자"란 관광호텔업, 수상관광호텔업, 한국전통호텔업, 가족호텔업, 소형호텔업 또는 의료관광호텔업의 등록을 한 자를 말한다〈「관광진흥법 시행령」 제22조(호텔업의 등급결정) 제1항〉.

④ 관광학개론

36 관광 스토리텔링에 관한 설명으로 옳은 것은?

① 소셜관광으로서 사회정책 지원활동이 포함된 관광이다.

② 관광자원의 감성적 테마를 기획 · 창작하여 흥미로움을 전달하는 관광이다.

③ 재난 발생지를 방문하여 교훈을 얻는 특별목적의 관광이다.

④ 관광지의 자연환경과 경제를 위해 장기적인 편익을 발생시키는 관광이다.

37 우리나라 테마파크의 분류로 적합하지 않은 것은?

① 시민들을 위한 유원지 공원

② 어린이와 청소년을 위한 놀이기구 공원

③ 자연 보존을 위한 국립공원

④ 특정 개념을 가진 공원

>>>>>>>> 36.② 37.③

ADVICE

36 관광 스토리텔링의 개념은 일반적인 해설의 개념보다 넓은 개념으로 관광지를 둘러싼 스토리를 중심으로 관광지와 관광객들이 공동으로 만들어 가는 의미체계를 말한다. 다양한 맥락 속에서의 참여자들 간 상호작용이 존재하므로 관광객 · 관광지 · 지역주민이 공동의 감성체계를 만들어가는 것이 관광 스토리텔링의 진정한 의미라고 할 수 있다.

37 ③ 테마파크란 특정한 주제를 정하여, 사람들이 즐길 수 있도록 만든 공간으로 자연 보존을 위한 국립공원은 테마파크로 분류되지 않는다.

38 국내 노인복지관광과 관련된 정책이 아닌 것은?

① 노인 돌봄여행 서비스

② 문화누리카드 사업

③ 사회적 관광

④ 슬로시티 관광

39 관광객을 위한 원스톱 예약결제시스템과 관련되지 않은 것은?

① 플랫폼 설계　　　　　　　　　　② 온라인 관광정보

③ 어플리케이션　　　　　　　　　　④ 현금 결제

40 젠트리피케이션(Gentrification)이 관광산업에 미치는 영향이 아닌 것은?

① 관광시설의 임대료 상승

② 지속가능한 관광

③ 도시관광의 성장

④ 기존 거주민과 상인들 간의 갈등

>>>>>>>>　38.④　39.④　40.②

ADVICE

38　④ 슬로시티란 느림의 철학을 바탕으로 자연 생태 환경과 전통문화를 지키는 삶을 추구하는 사회 운동이다.
　　※ 슬로시티 선언 … 우리는 삶의 질을 높이기 위해 노력하는 사람들이 흥미를 갖는 도시, 훌륭한 극장, 가게, 카페, 여관, 사적, 그리고 풍광이 훼손되지 않는 도시, 전통 장인의 기술이 살아 있고 현지의 제철 농산물을 활용할 수 있는 도시, 건강한 음식, 건강한 생활, 즐거운 삶이 공동체의 중심이 되는 도시를 추구한다.

39　원스톱 예약결제시스템은 온라인 등을 통해 예약부터 결제까지 한 번에 가능한 것을 말한다.

40　젠트리피케이션(Gentrification)이란 낙후된 구도심 지역이 활성화되어 중산층 이상의 계층이 유입됨으로써 기존의 저소득층 원주민을 대체하는 현상을 가리킨다. 대표적 사례로 홍대 앞이나 경리단길, 서촌, 상수동 등이 있다. 이러한 지역은 과거 저렴한 임대료로 소규모의 개성있는 상점들이 들어서면서 입소문을 타고 유동인구가 늘어났지만, 상권이 활성화되면서 자본이 유입되어 대형 프랜차이즈 점포가 입점하는 등 대규모 상업지구로 변하였고, 결국 치솟은 임대료를 감당하지 못한 기존의 소규모 상점들이 문을 닫게 되고 이전의 독특한 분위기도 사라져버리는 현상이 나타났다.

41 우리나라에서 지정한 관광특구가 아닌 곳은?

① 동대문 패션타운

② 강원도 대관령

③ 경남 미륵도

④ 경기도 남이섬

>>>>>>>> 41.④

ADVICE

41 관광특구 지정 현황(2025. 6. 기준)

지역	특구명
서울(8)	명동 · 남대문 · 북창동 · 다동 · 무교동, 이태원, 동대문 패션타운, 종로 · 청계, 잠실, 강남마이스, 홍대문화예술, 고터 · 세빛
부산(2)	해운대, 용두산 · 자갈치
대구(1)	동성로
인천(1)	월미
대전(1)	유성
경기(5)	동두천, 평택시 송탄, 고양, 수원 화성, 통일동산
강원(2)	설악, 대관령
충북(3)	수안보온천, 속리산, 단양
충남(2)	아산시온천, 보령해수욕장
전북(2)	무주 구천동, 정읍 내장산
전남(2)	구례, 목포
경북(4)	경주시, 백암온천, 문경, 포항 영일만
경남(2)	부곡온천, 미륵도
제주(1)	제주도
총 14개 시 · 도	36개소

42 관광 서비스와 정보통신기술(ICT: Information Communication Technology)의 융합 사례가 아닌 것은?

① 온라인 기반 여행사

② 스마트 관광도시

③ 관광특구 지정

④ 빅데이터 활용 맞춤형 서비스

43 A는 다음의 조건을 모두 갖춘 숙박시설 운영을 계획하고 있다. A가 운영하려는 숙박시설의 유형은?

> • 자연 및 주변 환경과 조화를 이룰 수 있는 3층 이하의 건축물일 것
> • 객실이 30실 이하일 것
> • 취사 및 숙박에 필요한 시설을 갖출 것
> • 바베큐장·캠프파이어 등 주인의 환대가 가능한 1종류 이상의 이용시설을 갖출 것
> • 숙박 및 이용시설에 대하여 외국어 안내표기를 할 것

① 관광펜션

② 가족호텔

③ 한국전통호텔

④ B&B(Bed & Breakfast)

>>>>>>>> 42.③ 43.①

ADVICE

42 ③ 관광특구란 외국인 관광객의 유치 촉진 등을 위하여 관광 활동과 관련된 관계 법령의 적용이 배제되거나 완화되고, 관광 활동과 관련된 서비스·안내 체계 및 홍보 등 관광 여건을 집중적으로 조성할 필요가 있는 지역을 법에 따라 지정한 곳으로, 관광 서비스와 정보통신기술(ICT)의 융합 사례로는 볼 수 없다.

43 관광펜션업의 지정기준〈「관광진흥법 시행규칙」 별표 2. 관광 편의시설업의 지정기준 참고〉
  ㉠ 자연 및 주변환경과 조화를 이루는 4층 이하의 건축물일 것
  ㉡ 객실이 30실 이하일 것
  ㉢ 취사 및 숙박에 필요한 설비를 갖출 것
  ㉣ 바비큐장, 캠프파이어장 등 주인의 환대가 가능한 1종류 이상의 이용시설을 갖추고 있을 것(다만, 관광펜션이 수개의 건물 동으로 이루어진 경우에는 그 시설을 공동으로 설치할 수 있다)
  ㉤ 숙박시설 및 이용시설에 대하여 외국어 안내 표기를 할 것

44 UNWTO(세계관광기구) 관광통계기준에 의한 관광객은?

① 국경을 오가는 계절적 근로자

② 국경을 오가는 성지순례객

③ 공항 내 통과여객

④ 외교관, 영사, 주둔군인 및 그 가족

〉〉〉〉〉〉〉〉 44.②

44 세계관광기구(UNWTO)의 관광자 구분(1984)

구분	내용
관광 통계 포함	• 관광자(Tourist) : 국경을 넘어 유입된 방문객이 24시간 이상 체재하며 위락, 휴가, 스포츠, 사업, 친척·친지방문, 회의참가, 연구, 종교 등의 목적으로 여행하는 자 • 당일 관광자(Excursionist) : 방문국에서 24시간 미만 체재하는 자(선박여행객, 낮에만 방문자, 선원, 승무원 등) • 통과 관광객(Overland tourist) : 육로나 선박을 이용하여 입국한 외국인 승객으로 a지역에서 b지역으로 이동하는 사이에 임시 상륙하여 관광하는 자
관광 통계 불포함	• 국경근로자(border workers) : 국경에 인접하여 거주하면서 국경을 넘어 통근하는 자 • 통과객(transit passengers) : 항공통과여객이나 상륙이 허가되지 않는 선박 승객과 같이 입국심사를 통해 공식적으로 입국하지 아니한 자 • 장기이주자 : 1년 이상 체재하기 위하여 입국하는 자와 그 가족 및 동반자 • 단기이주자 : 1년 미만 체재하되, 취업목적 입국자와 그 가족 및 동반자 • 외교관·영사 : 대사관이나 영사관에 상주하는 외교관과 영사 및 그 가족 • 군인 : 주둔하는 외국 군대의 구성원 및 그 가족과 동반자 • 망명자(refugees) : 인종, 종교, 국적, 특정단체의 회원가입 또는 정치적 견해에서 기인한 박해에 대해 국적을 벗어나 있고, 이로 인해 국적의 보호를 받을 수 도 없고, 그에 대한 두려움 때문에 받고자 하지도 않는 자 • 유랑자 : 정기적으로 입국 또는 출국하여 상당기간 체류하는 자, 또는 국경에 인접하여 생활관계로 짧은 기간 동안 매우 빈번하게 국경을 넘나드는 자 • 무국적자 : 신분을 증명하는 서류로는 항공권 등 의 교통 티켓을 소지하고 있는 자로서 방문하고자 하는 나라에서 국적 불명으로 인정하는 자

45 플로그(Plog, S. C.)가 제안한 안전지향형(Psychocentrics) 성격을 가진 관광객의 관광행태가 아닌 것은?

① 패키지상품 선호

② 대규모 현대식 숙박시설 선호

③ 잘 알려진 관광지 선호

④ 모험지향형 관광경험 추구

46 관광현상의 시대별 변천과정을 순서대로 연결한 것은?

㉠ Mass Tourism	㉡ Tourism
㉢ Tour	㉣ Alternative Tourism

① ㉠ - ㉡ - ㉢ - ㉣
② ㉢ - ㉠ - ㉣ - ㉡
③ ㉢ - ㉡ - ㉠ - ㉣
④ ㉣ - ㉠ - ㉡ - ㉢

>>>>>>>> 45.④ 46.③

ADVICE

45 플로그는 관광자의 성격 및 심리적 특성에 따라 안전지향형(사이코센트릭형), 중간지향형(미드센트릭형), 모험지향형(알로센트릭형)의 3가지로 분류했다.

④ 모험지향형 관광경험을 추구하는 것은 모험지향형의 특성이다.

※ 안전지향형과 모험지향형의 특성

모험지향형(Allocentric) 특성	안전지향형(Psychocentric) 특성
여행을 자주한다.	여행을 자주 하지 않는다.
장기간의 여행	단기간의 여행
모험적	안전지향적
자신감	자신감이 결여
외향적	내성적
불안, 걱정, 근심이 없다.	항상 근심 걱정이 많다.
다양한 수단을 이용하여 여행	자가용을 이용하여 여행
이국적인 관광지를 선호	친숙하고 안전한 관광지를 선호
여행하는 동안 평소보다 더 많은 지출	여행하는 동안 최소한의 지출

46 관광은 시대에 따라 Tour(여행) → Tourism(관광) → Mass Tourism(대중관광) → Alternative Tourism(대안관광)으로 변모해왔다.

47 카지노를 중심으로 호텔, 컨벤션시설, 테마파크, 엔터테인먼트시설, 레스토랑, 쇼핑센터 등의 다양한 시설들이 동일 공간에 조성되어 있는 관광시설은?

① 관광특구　　　　　　　　　　　　② 메가(Mega) 쇼핑몰
③ 디즈니월드　　　　　　　　　　　④ 복합리조트

48 한국관광공사가 수행하는 사업이 아닌 것은?

① 외래관광객 유치를 위한 홍보
② 관광 관련 전문인력의 양성과 훈련사업
③ 관광에 관한 국제협력의 증진
④ 관광진흥장기발전계획 수립

>>>>>>>>> 47.④　48.④

ADVICE

47 복합리조트란 카지노, 호텔, 쇼핑몰, 대형 회의장 따위의 다양한 시설과 기능을 갖춘 리조트를 말한다.

48 한국관광공사의 수행 사업〈「한국관광공사법」 제12조 제1항〉
　㉠ 국제관광 진흥사업
　　• 외국인 관광객의 유치를 위한 홍보
　　• 국제관광시장의 조사 및 개척
　　• 관광에 관한 국제협력의 증진
　　• 국제관광에 관한 지도 및 교육
　㉡ 국민관광 진흥사업
　　• 국민관광의 홍보
　　• 국민관광의 실태 조사
　　• 국민관광에 관한 지도 및 교육
　　• 장애인, 노약자 등 관광취약계층에 대한 관광 지원
　㉢ 관광자원 개발사업
　　• 관광단지의 조성과 관리, 운영 및 처분
　　• 관광자원 및 관광시설의 개발을 위한 시범사업
　　• 관광지의 개발
　　• 관광자원의 조사
　㉣ 관광산업의 연구·개발사업
　　• 관광산업에 관한 정보의 수집·분석 및 연구
　　• 관광산업의 연구에 관한 용역사업
　㉤ 관광 관련 전문인력의 양성과 훈련 사업
　㉥ 관광사업의 발전을 위하여 필요한 물품의 수출입업을 비롯한 부대사업으로서 이사회가 의결한 사업

49 주사위를 넣은 용기를 진동하여 결정된 3개의 주사위 합이 플레이어가 베팅한 숫자 혹은 숫자의 조합과 일치하면 정해진 배당금을 지급하는 카지노 게임은?

① 블랙잭

② 바카라

③ 다이사이

④ 크랩스

50 용어에 관한 설명 중 옳지 않은 것은?

① CSF(Charter Service Flight) : 부정기항공운송

② LCC(Low Convenience Carrier) : 저가항공사

③ SSF(Scheduled Service Flight) : 정기항공운송

④ ICAO(International Civil Aviation Organization) : 국제민간항공기구

>>>>>>>> 49.③ 50.②

ADVICE

49 제시된 내용은 다이사이에 대한 설명이다.
　① 블랙잭 : 일명 21(Twenty One)이라 불리기도 하며, 가장 많이 알려진 카드 게임으로 딜러와 플레이어 중 카드의 합이 21 또는 21에 가장 가까운 숫자를 가지는 쪽이 이기는 게임이다.
　② 바카라 : 딜러가 플레이어와 뱅커 카드를 바카라 룰에 의거하여 딜링한 후, 카드 숫자의 합을 비교하여 9에 가까운 쪽이 이기는 게임이다.
　④ 크랩스 : 주사위 2개를 던져서 나올 수 있는 숫자의 확률에 의하여 이루어지는 게임이다.

50 ② 저가항공사를 가리키는 용어 LCC는 Low Cost Carrier의 약자이다.

국사

1 옥저에 관한 설명으로 옳은 것은?

① 서옥제가 있었다.

② 민며느리제가 있었다.

③ 책화라는 풍습이 있었다.

④ 영고라는 제천행사가 있었다.

2 신라 지증왕의 업적으로 옳은 것은?

① 금관가야를 병합하였다.

② 우산국을 정복하였다.

③ 황룡사에 구층 목탑을 세웠다.

④ 관산성에서 백제 성왕을 살해하였다.

>>>>>>>>> 1.② 2.②

ADVICE

1 ② 민며느리제는 옥저의 결혼 풍습으로, 여자의 나이가 10세가량이 되면 약혼을 하고 남자의 집에 가서 살다가 성인이 된 후 여자의 집에 돈을 치르고 정식 혼례를 올렸다. 여성 노동력 확보를 위한 일종의 매매혼으로 볼 수 있다.
   ① 고구려   ③ 동예   ④ 부여

2 ② 이사부가 우산국을 정복한 것은 512년(지증왕 13)의 일이다.
   ① 금관가야 병합 : 532년(법흥왕 19)
   ③ 황룡사 9층 목탑 : 643~645년(선덕여왕 12~15)
   ④ 관산성 전투 : 554년(진흥왕 15)

3 5세기대에 고구려에서 발생한 역사적 사건으로 옳은 것은?

① 고국천왕이 진대법을 실시하였다.

② 미천왕이 낙랑군을 축출하였다.

③ 연개소문이 정변을 일으켰다.

④ 장수왕이 도읍을 평양으로 옮겼다.

4 다음에 해당하는 인물은?

> 설총을 낳은 후로는 스스로 소성거사라 일컬었다. 그는 「십문화쟁론」을 저술하고, 화쟁사상을 주장하였다.

① 혜자   ② 의상

③ 원효   ④ 원광

>>>>>>>> **3.① 4.③**

ADVICE

3 ④ 평양 천도 : 427년(장수왕 15)
　① 진대법 실시 : 194년(고국천왕 16)
　② 낙랑군 축출 : 313년(미천왕 14)
　③ 연개소문 정변 : 642년(영류왕 25)

4 제시된 내용은 신라의 승려이자 설총의 아버지인 원효에 대한 설명이다. 원효는 일심사상과 화쟁사상을 중심으로 불교의 대중화에 힘썼다. 주요 저서로 「십문화쟁론」 외에 「금강삼매경론」, 「기신론별기」, 「대승기신론소」, 「법화경종요」 등이 있다.

5 왕건과 관련된 사건 중 시간 순서상 가장 마지막에 일어난 것은?

① 송악으로 수도를 옮겼다.

② 신라 경순왕이 고려에 항복하였다.

③ 금성(나주)을 정벌하였다.

④ 신검이 이끄는 후백제군이 패하면서 후백제가 멸망하였다.

6 고려후기 문화 교류에 관한 설명으로 옳은 것은?

① 유학자들에 의해 성리학이 수용되었다.

② 원나라의 영향으로 상감청자를 만들기 시작하였다.

③ 새롭게 들어온 다포양식으로 부석사에 무량수전을 지었다.

④ 의학과 약학 지식을 정리하여 「의방유취」를 간행하였다.

>>>>>>>>> 5.④ 6.①

ADVICE

5 시간상 빠른 순서로 나열하면 다음과 같다.
  ③ 금성(나주) 정벌 : 903년(궁예 3년)
  ① 송악 천도 : 919년(태조 2)
  ② 경순왕 항복 : 935년(태조 18)
  ④ 후백제 멸망 : 936년(신검 2년)

6 ① 성리학은 고려 후기 유학자들에 의해 수용되어 조선에 와서 본격적으로 발달하였다.
  ② 상감기법은 고려의 도공들이 처음으로 창안해 낸 고려청자만의 독특한 기법이다.
  ③ 다포양식은 고려 후기에 원으로부터 전래되어 조선에서 성행했다. 부석사 무량수전은 주심포양식으로 지어졌다.
  ④ 「의방유취」는 조선 세종의 명으로 1445년(세종 27)에 완성한 동양 최대의 의학사전이다.

7 고려시대 신분제에 관한 설명으로 옳은 것을 모두 고른 것은?

> ㉠ 문벌귀족은 음서와 공음전의 특권을 누렸다.
> ㉡ 향리는 세습직이어서 과거 응시가 금지되었다.
> ㉢ 백정은 조세, 공납, 역을 부담하였다.
> ㉣ 군현민이 반란을 일으키면 군현을 향·소·부곡으로 강등하기도 하였다.

① ㉠, ㉡
② ㉠, ㉢, ㉣
③ ㉡, ㉢, ㉣
④ ㉠, ㉡, ㉢, ㉣

8 고려시대 문화와 사상에 관한 설명으로 옳지 않은 것은?

① 무신집권기에는 불교의 결사운동이 활발하게 전개되었다.
② 부처의 힘을 빌려 외적의 침략을 막고자 「불조직지심체요절」을 간행하였다.
③ 일연의 「삼국유사」와 이승휴의 「제왕운기」에서 단군에 대해 서술하였다.
④ 풍수지리설은 묘청의 서경 천도 운동의 이론적 근거가 되었다.

ADVICE

7 ㉡ 향리는 지방 관청의 행정실무를 처리하는 하급관리로, 토착적이고 세습적인 성격이 있다. 그러나 고려의 향리는 법적으로 과거 응시에 제한이 없어 중앙관료로 진출하기도 하였다.

8 ② 「불조직지심체요절」은 고려 말의 승려 경한이 선을 깨닫는 데 필요한 내용을 뽑아 엮은 책이다. 부처의 힘으로 몽골군을 물리치기 위해 간행한 것은 팔만대장경이다.

9 다음에서 설명하는 조선시대 교육기관은?

> • 사림이 중앙 정계에 진출하면서 지방에 많이 세워졌다.
> • 훌륭한 유학자의 제사를 지내고 성리학을 연구하는 곳이다.
> • 붕당의 형성에 영향을 주었다.

① 서당　　　　　　　　　　　　② 향교
③ 서원　　　　　　　　　　　　④ 태학

10 조선후기 경제에 관한 설명으로 옳지 않은 것은?

① 관영수공업이 발달하고 민영수공업이 쇠퇴하였다.
② 농촌에서 이탈한 농민들은 도시로 가서 상공업에 종사하기도 하였다.
③ 시전상인들은 왕실이나 관청에 물품을 공급하는 대신 특정 상품에 대한 독점권을 가지고 있었다.
④ 청이나 일본과의 무역을 통해 거상으로 성장하는 상인들도 있었다.

>>>>>>>>> 9.③ 10.①

ADVICE

9 제시된 내용은 조선 중기 이후 사림이 중앙 정계에 진출하면서 학문 연구와 선현제향(先賢祭享)을 위하여 설립한 교육기관이자 향촌 자치 운영기구인 서원에 대한 설명이다. 1543년 풍기 군수 주세붕이 성리학을 전래한 안향을 제사지내기 위해 만든 백운동 서원이 우리나라 최초의 서원이다.

10 ① 조선 후기 상품경제의 발달과 함께 장인세를 납부하고 부역을 면제받는 납포장이 증가하면서 관영수공업이 쇠퇴하고 민영수공업이 발달하였다.

11 조선 성종대에 편찬한 조선왕조의 기본 법전은?

① 경국대전
② 대전통편
③ 조선경국전
④ 국조오례의

12 (가) 시기에 관한 설명으로 옳지 않은 것은?

임진왜란 발발 → (가) → 병자호란 발발

① 후금이 침입하자 인조는 강화도로 피난하였다.
② 이순신이 명량에서 왜군을 크게 물리쳤다.
③ 조선과 명의 연합군이 평양성을 왜군으로부터 탈환하였다.
④ 조선의 관리들이 백두산 일대를 답사하고 백두산정계비를 세웠다.

>>>>>>>> 11.① 12.④

ADVICE

11 **경국대전** … 조선시대에 나라를 다스리는 기준이 된 최고 법전으로, 세조 때 집필을 시작하여 1485년 (성종 16)에 최종완성하여 시행하였다.
　② **대전통편** : 1785년(정조 9)에 「경국대전」과 「속대전」 등 법령집을 통합하여 편찬한 법전
　③ **조선경국전** : 1394년(태조 3) 정도전이 왕에게 지어 바친 사찬 법전
　④ **국조오례의** : 세조의 명을 받들어 오례의 예법과 절차에 대해 그림을 곁들여 편찬한 책으로 1474년(성종 5) 신숙주·정척 등이 완성

12 **임진왜란** : 1592~1598년(선조 25~31)
　병자호란 : 1636~1637년(인조 14~15)
　④ 백두산정계비는 1712년(숙종 38)에 조선과 청나라 사이의 경계를 표시하고자 백두산에 세운 비석이다.

13 발생한 사건을 시기 순으로 올바르게 나열한 것은?

> ㉠ 안중근의 이토 히로부미 저격
> ㉡ 봉오동 전투 · 청산리 대첩
> ㉢ 이봉창 · 윤봉길 의거
> ㉣ 김원봉의 조선의용대 조직

① ㉠ → ㉡ → ㉢ → ㉣
② ㉠ → ㉢ → ㉡ → ㉣
③ ㉡ → ㉢ → ㉣ → ㉠
④ ㉡ → ㉣ → ㉢ → ㉠

14 발생 시기 순으로 ㈎에 들어갈 사건으로 옳은 것은?

> 제1차 한 · 일 협약 → 을사조약(제2차 한 · 일 협약)체결 → ㈎ → 한일병합조약 체결

① 을미사변
② 토지조사령 공포
③ 간도협약 체결
④ 한 · 일 의정서 체결

〉〉〉〉〉〉〉〉 **13.①   14.③**

ADVICE

13 ㉠ 안중근의 이토 히로부미 저격 : 1909년 10월

㉡ 봉오동 전투 · 청산리 대첩 : 1920년 6월, 1920년 10월

㉢ 이봉창 · 윤봉길 의거 : 1932년 1월, 1932년 4월

㉣ 김원봉의 조선의용대 조직 : 1938년

14 일제는 1905년 을사조약 체결로 대한제국의 외교권을 박탈한 뒤 청나라와 간도문제에 대한 교섭을 벌여 오다가 남만주
철도 부설권과 푸순의 탄광 채굴권을 대가로 받고 간도를 청나라에 넘기는 협약을 체결하였다.

① 을미사변 : 1985년

② 토지조사령 : 1912년

④ 한 · 일의정서 : 1904년

15 6 · 25전쟁 발발 이전에 있었던 사실이 아닌 것은?

① 제주 4 · 3사건

② 좌우합작 7원칙 발표

③ 3 · 15 부정 선거

④ 반민족행위 처벌법 제정 · 공포

ADVICE

15 6 · 25전쟁은 1950년에 발발하였다.

③ 3 · 15 부정 선거 : 1960년

① 제주 4 · 3사건 : 1948년

② 좌우합작 7원칙 발표 : 1946년

④ 반민족행위 처벌법 제정 · 공포 : 1948년

② 관광자원해설

16 관광자원에 관한 설명으로 옳지 않은 것은?

① 관광객의 관광동기를 일으키는 매력성이 있다.

② 관광객의 관광행동을 끌어들이는 유인성이 있다.

③ 관광자원은 보존과 보호가 필요하다.

④ 관광자원의 가치는 시대나 사회구조의 변화와 관계없이 변하지 않는다.

17 우리나라에서 최초로 지정된 국립공원은?

① 한라산　　　　　　　　　　② 북한산

③ 지리산　　　　　　　　　　④ 설악산

>>>>>>>> 16.④　17.③

ADVICE

16 ④ 관광자원의 가치는 시대와 사회구조의 변화에 따라 변화하는 가변성을 가진다.

17 우리나라 최초의 국립공원은 1967년 12월 29일에 지정된 지리산국립공원이다.

　① 한라산국립공원 : 1970년 3월 24일

　② 북한산국립공원 : 1983년 4월 2일

　④ 설악산국립공원 : 1970년 3월 24일

18 농업관광의 기대효과로 옳지 않은 것은?

① 유휴자원의 소득자원화
② 농촌지역의 삶의 질 향상
③ 농촌의 도시화 촉진
④ 농촌과 도시와의 상호교류

19 지역과 문화관광축제의 연결이 옳지 않은 것은?

① 강릉 – 마임축제
② 화천 – 산천어축제
③ 무주 – 반딧불축제
④ 김제 – 지평선축제

20 위락적 관광자원이 아닌 것은?

① 면세점
② 카지노
③ 테마파크
④ 스키장

〉〉〉〉〉〉〉〉 18.③ 19.① 20.①

18 농업관광을 통해 농촌과 도시와의 상호교류를 꾀하고, 유휴자원의 소득자원화로 농촌지역의 삶의 질을 향상시킬 수 있다.

19 ① 마임축제는 강원도 춘천시에서 매년 5월에 열리는 지역축제이다. 강원도의 지역축제로는 강릉 단오제와 커피축제, 정동진 해맞이축제, 주문진 오징어축제 등이 있다.

20 위락적 관광자원은 이용자의 자주적, 자기발전적 성향을 충족시킬 수 있는 동태적 관광자원이다.
　① 면세점은 상업적 관광자원에 해당한다.

21 국가유산 중 국보가 아닌 것은?

① 서울 북한산 신라 진흥왕 순수비　　　② 서울 원각사지 십층석탑

③ 서울 흥인지문　　　④ 서울 숭례문

22 사적에 관한 설명으로 옳지 않은 것은?

① 경주 포석정지는 사적 제1호이다.

② 부여 가림성은 백제시대에 축조되었다.

③ 공주 공산성은 백제역사유적지구이다.

④ 서울 한양도성은 유네스코 세계유산이다.

23 다음 설명에 해당하는 것은?

> - 국가무형유산
> - 유네스코 무형문화유산으로 등재
> - 조선시대 역대 왕과 왕비의 신위를 모신 사당에서 제사를 지낼 때 기악연주와 노래·춤이 어우러진 음악

① 농악　　　② 종묘제례악

③ 판소리　　　④ 처용무

>>>>>>>>　21.③　22.④　23.②

ADVICE

21 ③ 서울 흥인지문 – 보물

　① 서울 북한산 신라 진흥왕 순수비 – 국보

　② 서울 원각사지 십층석탑 – 국보

　④ 서울 숭례문 – 국보

22 ④ 서울시 종로구에 있는 조선시대의 석조 성곽인 한양도성은 사적 제10호이다. 유네스코 세계유산으로 지정되지는 않았다.

23 제시된 내용은 국가무형유산에 해당하는 종묘제례악에 대한 설명이다.

　③ **판소리** : 국가무형유산

　④ **처용무** : 국가무형유산

24 명승에 해당하는 것을 모두 고른 것은?

> ㉠ 고양 서오릉
> ㉡ 영주 소수서원
> ㉢ 완도 정도리 구계등
> ㉣ 명주 청학동 소금강

① ㉠, ㉡　　　　　　　　　　　　② ㉠, ㉣
③ ㉡, ㉢　　　　　　　　　　　　④ ㉢, ㉣

25 유네스코에 등재된 세계유산이 아닌 것은?

① 창덕궁
② 옛 보신각 동종
③ 남한산성
④ 조선왕릉

〉〉〉〉〉〉〉〉　24.④　25.②

ADVICE

24 ㉢ 완도 정도리 구계등 : 명승
　　㉣ 명주 청학동 소금강 : 명승
　　㉠ 고양 서오릉 : 사적
　　㉡ 영주 소수서원 : 사적
　　※ 명승과 사적
　　　㉠ 명승 : 유명한 건물이나 꽃·나무·새·짐승·물고기·벌레 등의 서식지, 유명한 경승지·산악·협곡·해협·곶·
　　　　심연·폭포·호수·급류 등 특색 있는 하천·고원·평원·구릉·온천지 등
　　　㉡ 사적 : 선사유적, 성곽, 고분, 도요지, 지석묘, 사지, 패총 등과 역사적으로 특별히 기념될 만한 지역과 시설물

25 유네스코가 지정한 우리나라 세계유산으로는 해인사 장경판전, 석굴암·불국사, 창덕궁, 화성, 고창·화순·강화 고인돌
　　유적, 경주역사유적지구, 조선 왕릉, 종묘, 한국의 역사마을 ; 하회와 양동, 남한산성, 백제역사유적지구, 산사 ; 한국의
　　산지 승원, 한국의 서원, 가야고분군, 제주 화산섬과 용암 동굴, 한국의 갯벌, 반구천의 암각화가 있다.
　　② 옛 보신각 동종은 보물이다.

26 다음 중 관광진흥개발기금법령상 기금에 납부해야 하는 금액이 가장 큰 경우는? (기출변형)

① 국내 항만을 통해서 출국하는 13세 어린이의 경우

② 국내 항만을 통해서 입국하려 하였지만 입국이 거부되어 출국하는 자의 경우

③ 출입국관리법에 따른 강제퇴거 대상자 중 국비로 강제 출국되어 국내 공항을 통해서 출국하는 외국인의 경우

④ 국내 공항을 통해서 입국하는 대한민국 군인의 경우

>>>>>>>> 26.①

ADVICE

26 ① 12세 이상 어린이가 선박을 이용하는 경우에 해당하므로, 1천 원이다.

② 입국이 허용되지 아니하거나 거부되어 출국하는 자에 해당하여 납부금의 납부대상에서 제외된다.

③ 「출입국관리법」 제46조에 따른 강제퇴거 대상자 중 국비로 강제 출국되는 외국인은 납부금의 납부대상에서 제외된다.

④ 출국납부금은 국내 공항과 항만을 통하여 출국하는 자로서 대통령령으로 정하는 자를 대상으로 한다. 입국하는 경우 해당되지 않는다.

※ **납부금의 납부대상 및 금액**〈「관광진흥개발기금법 시행령」 제1조의2〉

㉠ 「관광진흥개발기금법」 제2조 제3항에서 "대통령령으로 정하는 자"란 다음의 어느 하나에 해당하는 자를 제외한 자를 말한다.

• 외교관여권이 있는 자

• 12세 미만인 어린이

• 국외로 입양되는 어린이와 그 호송인

• 대한민국에 주둔하는 외국의 군인 및 군무원

• 입국이 허용되지 아니하거나 거부되어 출국하는 자

• 「출입국관리법」 제46조에 따른 강제퇴거 대상자 중 국비로 강제 출국되는 외국인

• 공항통과 여객으로서 다음의 어느 하나에 해당되어 보세구역을 벗어난 후 출국하는 여객

– 항공기 탑승이 불가능하여 어쩔 수 없이 당일이나 그 다음 날 출국하는 경우

– 공항이 폐쇄되거나 기상이 악화되어 항공기의 출발이 지연되는 경우

– 항공기의 고장·납치, 긴급환자 발생 등 부득이한 사유로 항공기가 불시착한 경우

– 관광을 목적으로 보세구역을 벗어난 후 24시간 이내에 다시 보세구역으로 들어오는 경우

• 국제선 항공기 및 국제선 선박을 운항하는 승무원과 승무교대를 위하여 출국하는 승무원

㉡ 법 제2조 제3항에 따른 납부금은 7천 원으로 한다. 다만, 선박을 이용하는 경우에는 1천 원으로 한다.

27 관광기본법상 지방자치단체가 하여야 하는 것은?

① 매년 관광진흥에 관한 시책과 동향에 대한 보고서를 정기국회가 종료되기 전까지 국회에 제출 하여야 한다.

② 관광에 관한 국가시책에 필요한 시책을 강구하여야 한다.

③ 외국 관광객의 유치를 촉진하기 위하여 해외 홍보를 강화하고 출입국 절차를 개선하여야 한다.

④ 관광진흥의 기반을 조성하기 위하여 관광진흥에 관한 국가기본계획을 수립·시행하여야 한다.

28 국제회의산업 육성에 관한 법령상 문화체육관광부장관이 지정한 국제회의 전담조직의 담당 업무에 해당하지 않는 것은?

① 국제회의의 유치

② 국제회의산업의 국외 홍보

③ 국제회의 전문인력의 교육

④ 국제회의도시의 지정

ADVICE

27 ② 지방자치단체는 관광에 관한 국가시책에 필요한 시책을 강구하여야 한다〈「관광기본법」 제6조(지방자치단체의 협조)〉.
  ① 정부는 매년 관광진흥에 관한 시책과 동향에 대한 보고서를 정기국회가 시작하기 전까지 국회에 제출하여야 한다〈「관광기본법」 제4조(연차보고)〉.
  ③ 정부는 외국 관광객의 유치를 촉진하기 위하여 해외 홍보를 강화하고 출입국 절차를 개선하며 그 밖에 필요한 시책을 강구하여야 한다〈「관광기본법」 제7조(외국 관광객의 유치)〉.
  ④ 정부는 관광진흥의 기반을 조성하고 관광산업의 경쟁력을 강화하기 위하여 관광진흥에 관한 기본계획을 5년마다 수립·시행하여야 한다〈「관광기본법」 제3조(관광진흥계획의 수립) 제1항〉.

28 국제회의 전담조직의 업무〈「국제회의산업 육성에 관한 법률 시행령」 제9조〉
  ㉠ 국제회의의 유치 및 개최 지원
  ㉡ 국제회의산업의 국외 홍보
  ㉢ 국제회의 관련 정보의 수집 및 배포
  ㉣ 국제회의 전문인력의 교육 및 수급(需給)
  ㉤ 법 제5조 제2항에 따라 지방자치단체의 장이 설치한 전담조직에 대한 지원 및 상호 협력
  ㉥ 그 밖에 국제회의산업의 육성과 관련된 업무

29 관광진흥법령상 기획여행을 실시하는 자가 광고를 할 경우 표시하여야 하는 내용이 아닌 것은?

① 여행업의 등록번호
② 여행경비
③ 최저 여행인원
④ 여행일정 변경 시 여행자의 사후 동의 규정

30 관광진흥법령상 관광종사원 자격취소 사유에 해당하지 않는 것은?

① 거짓이나 부정한 방법으로 자격을 취득한 경우
② 관광종사원으로서 직무를 수행하는 데 부정 또는 비위 사실이 있는 경우
③ 관광종사원으로서 업무수행능력이 부족한 경우
④ 다른 사람에게 관광종사원 자격증을 대여한 경우

〉〉〉〉〉〉〉〉 29.④ 30.③

ADVICE

29 기획여행의 광고〈「관광진흥법 시행규칙」 제21조〉… 법 제12조에 따라 기획여행을 실시하는 자가 광고를 하려는 경우에는 다음의 사항을 표시하여야 한다. 다만, 2 이상의 기획여행을 동시에 광고하는 경우에는 다음의 사항 중 내용이 동일한 것은 공통으로 표시할 수 있다.
ㄱ 여행업의 등록번호, 상호, 소재지 및 등록관청
ㄴ 기획여행명·여행일정 및 주요 여행지
ㄷ 여행경비
ㄹ 교통·숙박 및 식사 등 여행자가 제공받을 서비스의 내용
ㅁ 최저 여행인원
ㅂ 제18조 제2항에 따른 보증보험 등의 가입 또는 영업보증금의 예치 내용
ㅅ 여행일정 변경 시 여행자의 사전 동의 규정
ㅇ 제22조의4 제1항 제2호에 따른 여행목적지(국가 및 지역)의 여행경보단계

30 「관광진흥법」 제40조(자격취소 등) … 문화체육관광부장관(관광종사원 중 대통령령으로 정하는 관광종사원에 대하여는 시·도지사)은 자격을 가진 관광종사원이 다음의 어느 하나에 해당하면 문화체육관광부령으로 정하는 바에 따라 그 자격을 취소하거나 6개월 이내의 기간을 정하여 자격의 정지를 명할 수 있다. 다만, ㄱ 및 ㄷ에 해당하면 그 자격을 취소하여야 한다.
ㄱ 거짓이나 그 밖의 부정한 방법으로 자격을 취득한 경우
ㄴ 결격사유의 어느 하나에 해당하게 된 경우
  • 피성년후견인·피한정후견인
  • 파산선고를 받고 복권되지 아니한 자
  • 이 법을 위반하여 징역 이상의 실형을 선고받고 그 집행이 끝나거나 집행을 받지 아니하기로 확정된 후 2년이 지나지 아니한 자 또는 형의 집행유예 기간 중에 있는 자
ㄷ 관광종사원으로서 직무를 수행하는 데에 부정 또는 비위(非違) 사실이 있는 경우
ㄹ 법을 위반하여 다른 사람에게 관광종사원 자격증을 대여한 경우

31 관광진흥법령상 국외여행 인솔자의 자격요건에 해당하지 않는 것은?

① 관광통역안내사 자격을 취득할 것

② 여행업체에서 6개월 이상 근무하고 국외여행 경험이 있는 자로서 문화체육관광부장관이 정하는 소양교육을 이수할 것

③ 국외여행 경험이 많으며 외국어 자격증을 보유할 것

④ 문화체육관광부장관이 지정하는 교육기관에서 국외여행 인솔에 필요한 양성교육을 이수할 것

32 관광진흥법령에서 사용하는 용어의 정의로 옳지 않은 것은?

① "관광사업자"란 관광사업을 경영하기 위하여 등록·허가 또는 지정을 받거나 신고를 한 자를 말한다.

② "민간개발자"란 관광단지를 개발하려는 개인이나 상법 또는 민법에 따라 설립된 법인을 말한다.

③ "관광사업"이란 관광객을 위하여 운송·숙박·음식·운동·오락·휴양 또는 용역을 제공하거나 그 밖에 관광에 딸린 시설을 갖추어 이를 이용하게 하는 업(業)을 말한다.

④ "종합여행업"이란 외국인을 제외한 내국인을 대상으로 하는 여행업을 말한다.

>>>>>>>> 31.③ 32.④

ADVICE

31 국외여행 인솔자의 자격요건〈「관광진흥법 시행규칙」 제22조 제1항〉 … 법 제13조 제1항에 따라 국외여행을 인솔하는 자는 다음의 어느 하나에 해당하는 자격요건을 갖추어야 한다.
  ㉠ 관광통역안내사 자격을 취득할 것
  ㉡ 여행업체에서 6개월 이상 근무하고 국외여행 경험이 있는 자로서 문화체육관광부장관이 정하는 소양교육을 이수할 것
  ㉢ 문화체육관광부장관이 지정하는 교육기관에서 국외여행 인솔에 필요한 양성교육을 이수할 것

32 여행업의 종류〈「관광진흥법 시행령」 제2조 제1항 제1호〉
  ㉠ 종합여행업 : 국내외를 여행하는 내국인 및 외국인을 대상으로 하는 여행업[사증(査證)을 받는 절차를 대행하는 행위를 포함한다]
  ㉡ 국내외여행업 : 국내외를 여행하는 내국인을 대상으로 하는 여행업(사증을 받는 절차를 대행하는 행위를 포함한다)
  ㉢ 국내여행업 : 국내를 여행하는 내국인을 대상으로 하는 여행업

33 관광진흥법령상 문화관광해설사의 선발 및 활용에 관한 설명으로 옳지 않은 것은?

① 문화체육관광부장관 또는 지방자치단체의 장은 문화관광해설사를 선발하여 활용할 수 있다.

② 지방자치단체의 장은 문화체육관광부령으로 정하는 바에 따라 이론 및 실습을 평가할 수 있다.

③ 문화체육관광부장관은 문화체육관광부령으로 정하는 바에 따라 1개월 이상의 실무수습을 마친 자에게 자격을 부여할 수 있다.

④ 지방자치단체의 장은 예산의 범위에서 문화관광해설사의 활동에 필요한 비용 등을 지원할 수 있다.

34 관광진흥법령상 지역관광협의회(이하 협의회) 설립에 관한 설명으로 옳지 않은 것은?

① 협의회를 설립하려는 자는 해당 지방자치단체의 장에게 신고하여야 한다.

② 협의회는 법인으로 한다.

③ 협의회에는 지역 내 관광진흥을 위한 이해 관련자가 고루 참여하여야 한다.

④ 협의회에 관하여 관광진흥법에 규정된 것 외에는 민법 중 사단법인에 관한 규정을 준용한다.

35 관광진흥법령상 여행업의 종류에 해당하지 않는 것은?

① 일반여행업

② 종합여행업

③ 국내외여행업

④ 국내여행업

〉〉〉〉〉〉〉〉 33.③ 34.① 35.①

33 ③ 문화체육관광부장관 또는 지방자치단체의 장은 제1항에 따라 문화관광해설사를 선발하는 경우 문화체육관광부령으로 정하는 바에 따라 이론 및 실습을 평가하고, 3개월 이상의 실무수습을 마친 사람에게 자격을 부여할 수 있다〈「관광진흥법」 제48조의8(문화관광해설사의 선발 및 활용) 제2항〉.

34 ① 협의회에는 지역 내 관광진흥을 위한 이해 관련자가 고루 참여하여야 하며, 협의회를 설립하려는 자는 해당 지방자치단체의 장의 허가를 받아야 한다〈「관광진흥법」 제48조의9(지역관광협의회 설립) 제2항〉.

35 여행업의 종류〈「관광진흥법 시행령」 제2조 제1항 제1호〉
  ㉠ **종합여행업** : 국내외를 여행하는 내국인 및 외국인을 대상으로 하는 여행업[사증(査證)을 받는 절차를 대행하는 행위를 포함한다.]
  ㉡ **국내외여행업** : 국내외를 여행하는 내국인을 대상으로 하는 여행업(사증을 받는 절차를 대행하는 행위를 포함한다.)
  ㉢ **국내여행업** : 국내를 여행하는 내국인을 대상으로 하는 여행업

36 관광매체 중 기능적 매체가 아닌 것은?

① 여행업

② 교통업

③ 관광안내업

④ 관광기념품판매업

37 영국의 토마스 쿡이 최초로 단체여행을 성공시킨 시대는?

① Tour시대

② Tourism시대

③ Mass Tourism시대

④ New Tourism시대

>>>>>>>> **36.② 37.②**

ADVICE

36 관광매체

㉠ 시간적 매체 : 숙박시설, 휴식시설, 오락시설 등

㉡ 공간적 매체 : 교통기관, 도로, 운수시설 등

㉢ 기능적 매체 : 여행업, 통역안내업, 관광기념품판매업, 관광선전율 등

37 영국의 토마스 쿡이 역사상 최초로 영리 목적의 여행사인 'Tomas Cook & Son Ltd.'을 설립하여 단체여행을 성공시킨 것은 1841년의 일이다.

① Tour시대 : 고대 이집트와 그리스 · 로마시대부터 1830년대

② Tourism시대 : 1840년대 초부터 제2차 세계대전 이전

③ Mass Tourism시대(및 Social Tourism시대) : 제2차 세계대전 이후부터 1980년대 말

④ New Tourism시대 : 1990년대 이후

38 대한민국 국민의 국외여행 전면 자유화가 시행된 연도는?

① 1986년

② 1987년

③ 1989년

④ 1990년

39 마케팅 개념의 발전과정으로 옳은 것은?

① 생산지향적 개념 → 판매지향적 개념 → 제품지향적 개념 → 마케팅지향적 개념

② 제품지향적 개념 → 판매지향적 개념 → 생산지향적 개념 → 마케팅지향적 개념

③ 제품지향적 개념 → 생산지향적 개념 → 판매지향적 개념 → 마케팅지향적 개념

④ 생산지향적 개념 → 제품지향적 개념 → 판매지향적 개념 → 마케팅지향적 개념

40 마케팅의 촉진활동에 관한 설명으로 옳지 않은 것은?

① 판매촉진은 경쟁사의 모방이 용이하지 않다.

② 광고는 정보의 양이 제한적이다.

③ 인적판매는 정보의 양과 질이 우수하다.

④ 홍보는 정보의 통제가 어렵다.

>>>>>>>> 38.③ 39.④ 40.①

38 1986년 아시안게임과 1988년 올림픽을 유치하면서 국제화·세계화·개방화의 물결이 밀려들자 해외여행 자유화에 대해 검토하게 되었고, 1983년 1월 1일부터 50세 이상 국민에 한하여 200만 원을 1년간 예치하는 조건으로 연1회에 유효한 관광여권을 발급하는 조건부 해외여행이 가능하였다. 이후 전면적인 자유화가 이루어진 것은 1989년의 일이다.

39 마케팅의 개념은 생산자 중심에서 점차 제품, 소비자, 마케팅 활동 그 자체에 대한 개념을 중심으로 발전해 왔다.

40 ① 판매촉진은 경쟁사가 모방하기 쉽다. 따라서 자사만의 독특한 판매촉진을 통해 성공적인 마케팅을 완성하는 것이 중요하다.

41 한국관광공사가 수행하는 주요 사업이 아닌 것은?

① 국제관광시장의 조사 및 개척

② 국민관광의 실태조사

③ 회원의 공제사업

④ 관광관련 전문인력 양성과 훈련

〉〉〉〉〉〉〉〉 41.③

ADVICE

41 한국관광공사의 사업〈「한국관광공사법」 제12조(사업) 제1항〉

　㉠ 국제관광 진흥사업
- 외국인 관광객의 유치를 위한 홍보
- 국제관광시장의 조사 및 개척
- 관광에 관한 국제협력의 증진
- 국제관광에 관한 지도 및 교육

　㉡ 국민관광 진흥사업
- 국민관광의 홍보
- 국민관광의 실태 조사
- 국민관광에 관한 지도 및 교육
- 장애인, 노약자 등 관광취약계층에 대한 관광 지원

　㉢ 관광자원 개발사업
- 관광단지의 조성과 관리, 운영 및 처분
- 관광자원 및 관광시설의 개발을 위한 시범사업
- 관광지의 개발
- 관광자원의 조사

　㉣ 관광산업의 연구 · 개발사업
- 관광산업에 관한 정보의 수집 · 분석 및 연구
- 관광산업의 연구에 관한 용역사업

　㉤ 관광 관련 전문인력의 양성과 훈련 사업

　㉥ 관광사업의 발전을 위하여 필요한 물품의 수출입업을 비롯한 부대사업으로서 이사회가 의결한 사업

42 대한민국에 카지노가 없는 곳은?

① 인천광역시

② 제주특별자치도

③ 광주광역시

④ 부산광역시

43 외교부에서 운영하는 영사 콜센터의 신속해외송금서비스를 받을 수 있는 경우가 아닌 것은?

① 해외여행 중 현금, 신용카드 등을 분실하거나 도난당한 경우

② 해외여행 중 여권을 분실한 경우

③ 불가피하게 해외 여행기간을 연장하게 된 경우

④ 해외여행 중 교통사고 등 갑작스러운 사고를 당하거나 질병에 걸린 경우

>>>>>>>> **42.**③ **43.**②

ADVICE

42 우리나라에 카지노가 설치되어 있는 지역은 서울, 부산, 인천, 강원, 대구, 제주이며 이 중 강원랜드카지노를 제외한 나머지 16개 업체는 모두 외국인을 대상으로 한다.

43 **신속해외송금제도** … 해외여행 중, 도난 및 분실 등으로 일시적 궁핍한 상황에 놓였을 경우 국내에 있는 지인이 외교부 계좌로 입금(최대 3,000불 이하)하면, 해당 재외공관(대사관, 총영사관)에서 현지화로 전달하는 제도

　㉠ 지원대상
　• 해외여행을 하는 대한민국 국민 중
　• 해외여행 중 현금, 신용카드 등 분실하거나 도난당한 경우
　• 교통사고 등 갑작스러운 사고를 당하거나 질병을 앓게 된 경우
　• 불가피하게 해외 여행기간을 연장하게 된 경우, 기타 자연재해 등 긴급 상황이 발생한 경우
　• 마약, 도박 등 불법 또는 탈법 목적, 상업적 목적, 정기적 송금 목적의 지원은 불가
　㉡ 지원한도 : 1회, 미화 3천 불 상당
　㉢ 신속해외송금 지원과정
　• 여행자가 재외공관(대사관 혹은 총영사관)이나 영사콜센터를 통해 신속해외송금지원제도 신청
　• 국내연고자가 외교부 계좌(우리은행, 농협, 수협)로 수수료를 포함한 원화 입금
　• 재외공관(대사관 혹은 총영사관)에서는 여행자에게 현지화로 긴급경비 전달

44 관광진흥법령상 관광 편의시설업을 모두 고른 것은?

> ㉠ 관광공연장업
> ㉡ 관광순환버스업
> ㉢ 관광유람선업
> ㉣ 관광펜션업

① ㉠, ㉡

② ㉠, ㉢

③ ㉡, ㉣

④ ㉢, ㉣

45 다음에서 설명하는 것으로 옳은 것은?

> 자연을 파괴하거나 그 곳에 살고 있는 사람들을 착취하는 여행 대신, 현지인의 삶과 문화를 존중하고 여행비용이 그 사람들의 생활에 보탬이 되는 여행

① 공정 여행(Fair Travel)

② 나눔 여행(Voluntourism)

③ 스마트 여행(Smart Tourism)

④ 탐사 여행(Discovery Tourism)

>>>>>>>> **44.**③ **45.**①

ADVICE

44 「관광진흥법 시행령」에 따른 관광 편의시설업의 종류로는 관광유흥음식점업, 관광극장유흥업, 외국인전용 유흥음식점업, 관광식당업, 관광순환버스업, 관광사진업, 여객자동차터미널시설업, 관광펜션업, 관광궤도업, 관광면세업, 관광지원서비스업이 있다.
　㉠㉢ 관광공연장업과 관광유람선업은 관광객 이용시설업에 해당한다.

45 제시된 내용은 공정여행에 대한 설명이다.
　② **나눔 여행** : 여행 + 봉사활동
　③ **스마트 여행** : 여행 + ICT 첨단 기술
　④ **탐사 여행** : 여행 + 탐사활동

46 다음의 사례와 관련된 여행 형태는?

> 서울에 2년째 거주하며 한국 기업에 다니고 있는 외국인 A는 휴가를 이용하여 남해안 일대 및 울릉도를 7일간 여행하려고 계획하고 있다.

① 인트라바운드 투어
② 아웃바운드 투어
③ 인바운드 투어
④ 인터내셔날 투어

47 항공업무 자동화를 위해 미국 아메리칸항공에서 개발한 최초의 전산예약시스템은?

① SAVRE
② GALILEO
③ OAG
④ AMADEUS

>>>>>>>> **46.**① **47.**①

ADVICE

46 국내에 거주하는 내국인의 국내관광이므로 인트라바운드(Intrabound) 투어에 해당한다.

47 SAVRE(Semi-Automatic Business Research Environment) … 미국 아메리칸항공에서 1964년에 도입한 항공권 전산예약시스템이다.
　② GALILEO : 세계 최초의 민간용 위성 위치확인시스템
　③ OAG : Official Airline Guide 정식 항공 시간표
　※ 이 문제는 문제오류로 인해 전항 정답처리 되었습니다.

48 다음 설명에 해당하는 관광숙박업은?

> 관광객의 숙박에 적합한 시설을 소규모로 갖추고 숙박에 딸린 음식·운동·휴양 또는 연수에 적합한 시설을 함께 갖추어 관광객에게 이용하게 하는 업

① 가족호텔업
② 소형호텔업
③ 호스텔업
④ 관광펜션업

49 고객이 식당에 들어가지 않고 자동차 안에서 음식을 주문하여 제공받는 방식은?

① 딜리버리 서비스(delivery service)
② 바이킹(viking)
③ 드라이브 쓰루(drive through)
④ 테이크아웃(take out)

>>>>>>>> **48.**② **49.**③

ADVICE

48 제시된 내용은 소형호텔업에 해당한다.
　① **가족호텔업** : 가족단위 관광객의 숙박에 적합한 시설 및 취사도구를 갖추어 관광객에게 이용하게 하거나 숙박에 딸린 음식 · 운동 · 휴양 또는 연수에 적합한 시설을 함께 갖추어 관광객에게 이용하게 하는 업
　③ **호스텔업** : 배낭여행객 등 개별 관광객의 숙박에 적합한 시설로서 샤워장, 취사장 등의 편의시설과 외국인 및 내국인 관광객을 위한 문화 · 정보 교류시설 등을 함께 갖추어 이용하게 하는 업
　④ **관광펜션업** : 숙박시설을 운영하고 있는 자가 자연 · 문화 체험관광에 적합한 시설을 갖추어 관광객에게 이용하게 하는 업
　※ **관광숙박업의 종류**
　　㉠ **호텔업** : 관광호텔업, 수상관광호텔업, 한국전통호텔업, 가족호텔업, 호스텔업, 소형호텔업, 의료관광호텔업
　　㉡ 휴양 콘도미니엄업

49 **드라이브 스루**(drive through) … 상점 내로 들어가지 않고 자동차에 탄 채로 쇼핑할 수 있는 방식으로, 카페, 패스트푸드점 등에서 주로 도입하고 있다.
　① **딜리버리 서비스**(delivery service) : 배달
　② **바이킹**(viking) : 뷔페
　④ **테이크아웃**(take out) : 포장

50 '오두막 · 별장 · 보금자리'라는 뜻으로 초가 형태의 소규모 단독 숙박시설은?

① 방갈로(Bungalow)

② 샤토(Chateau)

③ 빌라(Villa)

④ 코티지(Cottage)

〉〉〉〉〉〉〉〉 50.④

50 **코티지**(Cottage) ⋯ 주로 시골에 있는 작은 집을 가리키는 용어로, 우리나라 말로는 오두막 · 별장 · 보금자리 등으로 칭할 수 있다.

① **방갈로**(Bungalow) : 인도 벵골 지방의 독특한 주택 양식으로, 처마가 깊숙하고 정면에 베란다가 있는 작은 단층 주택을 말한다.

② **샤토**(Chateau) : 프랑스의 고성(古城), 또는 대저택을 뜻하는 용어이다.

③ **빌라**(Villa) : 별장식 주택, 다세대 주택이나 연립 주택을 이르기도 한다.

2021년 기출문제분석

 **한국사**

1 다음과 같은 법을 시행하였던 나라에 관한 설명으로 옳은 것은?

> 도둑질을 한 자는 노비로 삼는다. 용서받고자 하는 자는 한 사람마다 50만 전을 내야한다.

① 동맹이라는 제천 행사가 열렸다.
② 왕 아래 상, 대부, 장군을 두었다.
③ 소를 죽여 그 굽으로 길흉을 점쳤다.
④ 특산물로 과하마, 반어피가 유명하였다.

〉〉〉〉〉〉〉〉 1.②

ADVICE

1 고조선 8조법의 내용이다.
② 고조선은 요령 지방과 대동강 유역을 중심으로 독자적인 문화를 이룩하면서 발전하였다. 기원전 3세기경에는 부왕, 준왕 같은 강력한 왕이 등장하여 왕위를 세습하였으며, 그 밑에 상, 대부, 장군 등의 관직도 두었다. 또, 요서 지방을 경계로 하여 연나라와 대립할 만큼 강성하였다.
※ 8조법(八條法)
　　㉠ 다른 사람을 죽이면 죽음으로 배상한다.
　　㉡ 다른 사람에게 상처를 입히면 곡물로 배상한다.
　　㉢ 남의 물건을 훔친 사람은 노비로 삼는데, 노비가 되지 않으려면 1인당 50만을 내야 한다.

2 다음 역사서의 저자를 바르게 연결한 것은?

⊙ 서기   ⓛ 신집

① ⊙ : 거칠부, ⓛ : 김대문
② ⊙ : 이문진, ⓛ : 거칠부
③ ⊙ : 고흥, ⓛ : 이문진
④ ⊙ : 김대문, ⓛ : 고흥

3 원 간섭기의 고려에 관한 설명으로 옳지 않은 것은?

① 전제개혁을 단행하여 과전법을 시행하였다.
② 원은 공녀라 하여 고려의 처녀들을 뽑아 갔다.
③ 중서문하성과 상서성을 합쳐 첨의부라 하였다.
④ 원은 다루가치를 파견하여 내정을 간섭하였다.

〉〉〉〉〉〉〉〉　2.③　3.①

ADVICE

2 ⊙ 백제 근초고왕 때 박사 고흥이 편찬한 역사책이다.
 ⓛ 4세기 후반 소수림왕 때 편찬된 것으로 추정되는 〈유기〉 100권을 집약하여 600년(영양왕11년) 태학박사 이문진이 5권으로 편찬하였다.

3 ① 공양왕의 전제 개혁은 1391년에 실시되었다.
 ※ 원간섭기는 일반적으로 고려가 몽골과 강화를 맺고 정식으로 입조한 1259년부터 공민왕의 반원정변이었던 병신정변이 일어난 1356년까지 약 97년 간의 기간을 가리킨다.

4 고려 사회에 관한 설명으로 옳은 것을 모두 고른 것은?

> ㉠ 부모 가운데 한쪽이 노비이면 그 자식도 노비가 되었다.
> ㉡ 모내기법의 보급으로 벼와 보리의 이모작이 널리 행해졌다.
> ㉢ 중대한 범죄자가 있으면 제가 회의를 열어 사형에 처하였다.
> ㉣ 5품 이상 관료의 아들이나 손자는 음서의 혜택을 받아 관리로 진출하였다.

① ㉠, ㉡
② ㉠, ㉣
③ ㉡, ㉢
④ ㉢, ㉣

5 다음 사건 가운데 시간 순서상 가장 마지막에 일어난 것은?

① 기묘사화
② 임진왜란
③ 인조반정
④ 4군 6진 설치

>>>>>>>> 4.② 5.③

4 ㉡ 모내기와 이앙법이 널리 퍼진 시기는 조선 후기(광해군) 이후이다.
㉢ 제가 회의는 고구려 초기 국정의 주요 사항을 심의, 의결한 정치회의이다.

5 ③ 1623년
① 1519년
② 1592년~1598년
④ 1434년~1443년

6 정조(正祖)에 관한 설명으로 옳지 않은 것은?

① 속대전을 편찬하였다.

② 수원에 화성을 축조하였다.

③ 초계문신 제도를 실시하였다.

④ 친위 부대인 장용영을 설치하였다.

7 다음 설명에 해당하는 단체는?

> • 비타협적 민족주의와 사회주의 세력 연합 조직
> • 회장 이상재, 부회장 홍명희 등 선출
> • 1931년 사회주의자들의 주장으로 해소

① 신간회

② 신민회

③ 대한 광복회

④ 대한 자강회

ADVICE

6 ① 속대전을 편찬한 것은 영조이다. 영조는 학문의 승상과 문물제도의 정비를 통해 문예 부흥의 기반을 닦았다. 법과 의례를 조선후기 실정에 맞게 재정비하기 위해 「속대전」, 「국조속오례의」를 편찬하였으며, 백과사전류인 「동국문헌비고」를 만들었다. 이 외에도 균역법의 전형인 「양역실총」을 각 도에 인쇄하여 반포함으로써 민생의 안정을 도모하였다.

7 ① 1927년 2월 결성된 신간회는 민족주의세력과 사회주의세력이 연합하여 결성한 일제하 최대의 민족운동 단체이다.
② 1907년에 국내에서 결성된 항일 비밀결사이다.
③ 1910년대 독립전쟁을 실현하기 위해 국내에서 조직된 단체이다.
④ 1905년 5월 이준, 양한묵 등이 조직한 헌정연구회를 확대, 개편한 것이다.

8 다음 내용이 포함된 헌법에 의거하여 선출된 대통령은?

> • 대통령은 통일 주체 국민 회의에서 토론 없이 무기명 투표로 선거한다.
> • 통일 주체 국민 회의는 국회의원 정수의 3분의 1에 해당하는 수의 국회의원을 선거한다.
> • 대통령은 국회를 해산할 수 있다.

① 김영삼
② 노태우
③ 박정희
④ 이승만

9 경주 호우총에서 출토된 '호우명 그릇' 밑면의 명문에 나오는 인물에 관한 설명으로 옳은 것은?

① 왕의 칭호를 마립간으로 고쳤다.
② 금관가야와 대가야를 정복하였다.
③ 율령을 반포하고 불교를 공인하였다.
④ 신라의 구원요청으로 왜군을 격퇴하였다.

10 밑줄 친 '북국'에 관한 설명으로 옳은 것은?

> "원성왕 6년 3월 북국(北國)에 사신을 보내 교빙 하였다. …(중략)… 이 나라는 요동땅에서 일어나 옛 고구려의 북쪽 땅을 병합하고 신라와 서로 경계를 맞대었지만, 교빙 했다는 사실이 역사에 전해지지 않았다. 그런데 이때 와서 일길찬 백어(伯漁)를 보내 교빙하였다." …「동사강목」…

① 신라와 시종 친밀한 관계를 유지하였다.
② 불교 관련 문화재가 전혀 남아 있지 않다.
③ 일본과 서로 적대의식을 갖고 교류하지 않았다.
④ 전성기 때 중국인들이 해동성국이라 불렀다.

11 고려 후기에 재조대장경(팔만대장경)을 만들게 된 계기는?

① 거란의 침입
② 여진의 침입
③ 몽골의 침입
④ 홍건적의 침입

〉〉〉〉〉〉〉〉 10.④ 11.③

ADVICE

10 ④ '북국'은 발해로, 전성기 때 중국인들이 해동성국이라 불렀다.
　① 신라와 발해의 관계는 대체로 대립적이었다.
　② 발해의 불교는 고구려의 영향을 받아 크게 발전했다. 여러 곳의 절터뿐만 아니라, 불상, 탑, 석등도 발견되었다.
　③ 발해는 당 문화를 일본에 전하는 역할을 했다.

11 ③ 고려 시대에는 왕실은 물론 백성들까지 불교를 믿었는데, 대장경을 새로 만들어 불교의 힘으로 몽골의 침입을 막고자 했다.

12 세종 때 편찬된 것을 모두 고른 것은?

㉠ 용비어천가	㉡ 경국대전
㉢ 세종실록지리지	㉣ 농사직설

① ㉠, ㉡

② ㉠, ㉣

③ ㉡, ㉢

④ ㉢, ㉣

13 조선 후기 농업과 상공업에 나타난 특징으로 옳은 것은?

① 청, 일본과의 무역이 완전히 단절되었다.

② 민간 상인들의 활동이 종전 보다 위축되었다.

③ 지대를 정액으로 납부하는 도조법이 나타났다.

④ 민간인에게 광산 채굴을 일절 허용하지 않았다.

>>>>>>>> 12.② 13.③

ADVICE

12 ㉡ 세조 ㉢ 단종

13 ① 국내의 상업 발달과 병행하여 대외 무역도 활기를 띠었다. 17세기 중엽부터 청나라와의 무역이 활발해지면서 의주의 중강과 중국 봉황의 책문 등 국경을 중심으로 관무역과 사무역이 동시에 이루어졌다. 17세기 이후로 일본과의 관계가 점차 정상화되면서 대일 무역도 활발하게 전개되었다. 조선에서는 인삼·쌀·무명 등이 나가고, 청나라에서 수입한 물품을 중개하였다.
② 민간상인들이 등장하기 시작했다.
④ 17세기 이후 정부가 민간인에게 광산 채굴을 허용했다.

14 일제의 식민지 조선에 대한 경제 침탈 정책이 아닌 것은?

① 토지조사사업

② 임야조사사업

③ 산미증산계획

④ 물산장려운동

15 다음 사건을 발생한 순서대로 올바르게 나열한 것은?

㉠ 4 · 19혁명

㉡ 5 · 16군사정변

㉢ 5 · 18광주민주화운동

㉣ 7 · 4남북공동성명

① ㉠→㉡→㉣→㉢

② ㉠→㉢→㉡→㉣

③ ㉡→㉠→㉢→㉣

④ ㉡→㉣→㉠→㉢

ADVICE

14 ④ 1920년대에 일제의 경제적 수탈정책에 항거하여 벌였던 범국민적 민족경제 자립실천운동이다.

15 ㉠ 1960년

㉡ 1961년

㉣ 1972년

㉢ 1980년

16 자연관광자원의 개념에 관한 설명으로 옳지 않은 것은?

① 레크레이션 기능을 갖추고 있어야 한다.

② 자연미, 신비감, 특이함을 갖춘 경관미가 있어야 한다.

③ 관광객의 욕구를 충족시켜 줄 수 있는 자연적인 대상이다.

④ 인위적으로 제작된 문화유산으로 보존할만한 가치가 있고 매력을 느낄 수 있는 자원이다.

17 전통세시풍속에 속하지 않는 것은?

① 정월대보름　　　　　　　　　　　② 칠월칠석

③ 곶자왈　　　　　　　　　　　　　④ 설날

>>>>>>>> 16.④　17.③

ADVICE

16 ④ 문화관광자원에 관한 설명이다.

　　※ 관광자원의 유형과 특징

　　　ⓐ **자연관광자원** : 관광욕구와 결합된 자연적인 관광대상으로 경관 미와 위락적인 기능과 특성을 지닌 자원

　　　ⓑ **문화관광자원** : 민족문화유산으로서 국민이 보존할 만한 가치가 있고 관광매력을 지닐 수 있는 자원

　　　ⓒ **사회관광자원** : 국민성과 민족성을 이해하는 규범문화적인 자원

　　　ⓓ **산업관광자원** : 산업시설과 기술수준을 보고 또한 보이기 위한 산업적 대상의 자원

　　　ⓔ **위락관광자원** : 여가와 위락중심의 자원

17 ③ 곶자왈은 제주의 천연 원시림으로, 용암이 남긴 신비한 지형 위에서 다양한 동식물들이 함께 살아가는 독특한 생태계가 유지되는 보존 가치가 높은 지역이다.

18 자연관광자원의 자연환경요인으로 옳은 것을 모두 고른 것은?

<table>
<tr><td>㉠ 기후</td><td>㉡ 지질</td></tr>
<tr><td>㉢ 지형</td><td>㉣ 토양</td></tr>
<tr><td>㉤ 사적</td><td>㉥ 식생</td></tr>
<tr><td>㉦ 야생동물</td><td>㉧ 문화유산</td></tr>
</table>

① ㉠, ㉢, ㉤

② ㉠, ㉥, ㉦, ㉧

③ ㉢, ㉣, ㉤, ㉥, ㉧

④ ㉠, ㉡, ㉢, ㉣, ㉥, ㉦

19 축제의 기능이 아닌 것은?

① 종교적 기능

② 정치적 기능

③ 자연적 기능

④ 예술적 기능

>>>>>>>> **18.**④ **19.**③

ADVICE

18 ㉤ 사적은 역사적으로 중요한 사건이나 시설의 자취로 문화관광자원에 해당한다.

19 ③ 축제의 전통 사회 기능으로는 종교적, 윤리적, 사회적, 정치적, 예술적, 오락적, 생산적인 기능을 들 수 있고, 산업 사회
의 기능으로는 지역 축제를 통한 만남과 지역적 소속 확인 또는 전통 문화 보존 기능, 관광기능 등이 강화되기도 한다.

20 국가지정유산이 아닌 것은? (기출변형)

① 천연기념물

② 국가민속문화유산

③ 문화유산자료

④ 보물 및 국보

21 세계 유일의 대장경판 보관용 건물로서 유네스코 세계유산으로 등재된 15세기 건축물은?

① 영주 부석사 무량수전

② 합천 해인사 장경판전

③ 순천 송광사 국사전

④ 안동 봉정사 극락전

22 우리나라에 현존하는 종 가운데 가장 오래되었고, 고유한 특색을 갖춘 유산은?

① 상원사 동종

② 성덕대왕 신종

③ 옛 보신각 동종

④ 용주사 동종

〉〉〉〉〉〉〉〉 20.③ 21.② 22.①

ADVICE

20 ③ 국가지정유산은 보물, 국보, 사적, 명승, 천연기념물, 국가민속문화유산, 국가무형유산으로 분류된다.

21 ② 유네스코세계기록유산으로 지정된 고려팔만대장경을 보관하기 위해 15세기에 건축된 조선 전기의 서고이다. 현재 대한민국 국보이자 유네스코세계유산이다.

22 ① 현존하는 신라시대 11개 범종 중 가장 오래된 것으로 것으로 유명하다. 국보로 지정되었다.
② 남북국시대 통일신라에서 제작된 동종으로, 혜공왕 7년(771년)에 완성된 대종이다.
③ 조선 세조 14년(1467년)에 만든 보신각의 초대 종으로, 대한민국 보물이다.
④ 고려 시대의 것으로 추정되며, 우리나라 국보이다.

23 한 명의 소리꾼이 고수의 북장단에 맞추어 서사적인 노래와 말, 몸짓을 섞어 창극조로 부르는 민속예술의 한 갈래인 국가무형유산은?

① 판소리
② 대금정악
③ 가곡
④ 고성오광대

24 국보로 지정된 석비의 명칭이 옳지 않은 것은?

① 서울 북한산 신라 진흥왕 순수비
② 천안 봉선홍경사 갈기비
③ 경주 태종무열왕릉비
④ 창녕 백제 진흥왕 척경비

25 정선(1676~1759)이 그린 그림으로 옳은 것은?

① 인왕제색도
② 자화상
③ 단원풍속화첩
④ 월야산수도

>>>>>>>> **23.**① **24.**④ **25.**①

23 ② 정악을 대금으로 연주하는 것을 가리킨다.
　　③ 관현악 반주에 맞추어 시조사를 노래하는 한국의 전통 성악곡이다.
　　④ 경상남도 고성 지역에서 전승되는 가면극이다.

24 ④ 창녕 신라 진흥왕 척경비
　　①②③ 국보

25 ① 정선은 조선 후기의 화가로, 「인왕제색도」, 「금강전도」, 「통천문암도」 등을 그렸다.
　　③ 김홍도는 조선 후기의 화가로, 「군선도병」, 「단원풍속화첩」, 「무이귀도도」 등을 그렸다.
　　④ 김두량이 1744년(영조 20)에 그린 산수화이다.

26 관광기본법에 관한 설명으로 옳은 것은?

① 정부는 관광진흥의 기반을 조성하고 관광산업의 경쟁력을 강화하기 위하여 관광진흥에 관한 기본계획을 3년마다 수립 · 시행하여야 한다.

② 정부는 매년 관광진흥계획에 관한 시책과 동향에 대한 보고서를 정기국회가 시작하기 전까지 국회에 제출하여야 한다.

③ 관광진흥의 방향 및 주요 시책에 대한 수립 · 조정, 관광진흥계획의 수립 등에 관한 사항을 심의 · 조정하기 위하여 문화체육관광부장관 소속으로 국가관광전략회의를 둔다.

④ 국가관광전략회의의 구성 및 운영 등에 필요한 사항은 법률로 정한다.

27 관광진흥개발기금법상 관광진흥개발기금을 조성하는 재원이 아닌 것은?

① 카지노사업자의 납부금

② 출국납부금

③ 보세판매장 특허수수료의 100분의 50

④ 한국관광협회중앙회의 공제 분담금

>>>>>>>>   26.②   27.④

ADVICE

26 ① 정부는 관광진흥의 기반을 조성하고 관광산업의 경쟁력을 강화하기 위하여 관광진흥에 관한 기본계획을 5년마다 수립 · 시행하여야 한다〈「관광기본법」 제3조 제1항〉.

③ 관광진흥의 방향 및 주요 시책에 대한 수립 · 조정, 관광진흥계획의 수립 등에 관한 사항을 심의 · 조정하기 위하여 국무총리 소속으로 국가관광전략회의를 둔다〈「관광기본법」 제16조 제1항〉.

④ 국가관광전략회의의 구성 및 운영 등에 필요한 사항은 대통령령으로 정한다〈「관광기본법」 제16조 제2항〉.

27 관광진흥개발기금을 조성하는 재원〈「관광진흥개발기금법」 제2조 제2항〉

㉠ 정부로부터 받은 출연금

㉡ 카지노사업자의 납부금

㉢ 출국납부금

㉣ 보세판매장 특허수수료의 100분의 50

㉤ 기금의 운용에 따라 생기는 수익금과 그 밖의 재원

28 관광진흥법상 권역별 관광개발계획(이하 '권역계획'이라 한다)에 관한 설명으로 옳지 않은 것은?

① 권역계획의 수립 주체는 시·도지사이다.

② 권역계획은 10년마다 수립한다.

③ 문화체육관광부장관은 권역계획 수립지침을 작성하여야 한다.

④ 시·도지사는 권역계획이 확정되면 그 요지를 공고하여야 한다.

29 국제회의산업 육성에 관한 법률에 관한 내용으로 옳은 것은?

① 국제회의복합지구란 국제회의산업의 육성·진흥을 위하여 지정된 특별시·광역시 또는 시를 말한다.

② 문화체육관광부장관은 전자국제회의 기반의 확충을 위하여 인터넷 등 정보통신망을 통한 사이버 공간에서의 국제회의 개최를 지원할 수 있다.

③ 문화체육관광부장관은 국제회의 산업육성기본계획을 매년 수립하여야 한다.

④ 시·도지사는 문화체육관광부장관과의 협의를 거쳐 국제회의집적시설을 지정할 수 있다.

〉〉〉〉〉〉〉〉 28.② 29.②

ADVICE

28 ② 권역계획은 5년마다 수립한다〈「관광진흥법 시행령」 제42조 제3항〉.

29 ① 국제회의복합지구란 국제회의시설 및 국제회의집적시설이 집적되어 있는 지역으로서 법에 따라 지정된 지역을 말한다〈「국제회의산업 육성에 관한 법률」 제2조 제7호〉.
③ 문화체육관광부장관은 국제회의산업의 육성·진흥을 위하여 국제회의 산업육성기본계획을 5년마다 수립·시행하여야 한다〈「국제회의산업 육성에 관한 법률」 제6조 제1항〉.
④ 문화체육관광부장관은 국제회의복합지구에서 국제회의시설의 집적화 및 운영 활성화를 위하여 필요한 경우 시·도지사와 협의를 거쳐 국제회의집적시설을 지정할 수 있다〈「국제회의산업 육성에 관한 법률」 제15조의3 제1항〉.

30 관광진흥법상 테마파크업에 관한 설명으로 옳지 않은 것은? (기출변형)

① 테마파크업자는 안전성검사 대상 테마파크시설에 대하여 안전성검사를 받아야 한다.

② 안전성검사를 받아야 하는 테마파크업자는 사업장에 안전관리자를 항상 배치하여야 한다.

③ 안전관리자는 문화체육관광부장관이 실시하는 테마파크시설의 안전관리에 관한 교육을 정기적으로 받아야 한다.

④ 테마파크업을 경영하려는 자는 관할관청에 신고하여야 한다.

31 관광진흥법상 과태료 부과대상은? (기출변형)

① 관광사업자로 잘못 알아볼 우려가 있는 상호를 사용한 자

② 카지노 변경신고를 하지 아니하고 영업을 한 자

③ 테마파크업의 변경신고를 하지 아니하고 영업을 한 자

④ 카지노 검사합격증명서를 훼손 또는 제거한 자

32 관광진흥법상 처분을 하기 전에 청문을 실시하여야 하는 경우가 아닌 것은?

① 국외여행 인솔자 자격의 취소

② 카지노기구의 검사 등의 위탁 취소

③ 카지노기구의 검사 등의 위탁 취소

④ 한국관광 품질인증의 취소

>>>>>>>> **30.④ 31.① 32.모두 정답**

`ADVICE`

30 ④ 테마파크업을 경영하려는 자는 문화체육관광부령으로 정하는 시설과 설비를 갖추어 특별자치시장·특별자치도지사·시장·군수·구청장의 허가를 받아야 한다〈「관광진흥법」 제5조 제2항〉.

31 ② 2년 이하의 징역 또는 2천만원 이하의 벌금〈「관광진흥법」 제83조 제1항 제1호 (벌칙)〉
　　 ③ 1년 이하의 징역 또는 1천만원 이하의 벌금〈「관광진흥법」 제84조 제1호 (벌칙)〉
　　 ④ 2년 이하의 징역 또는 2천만원 이하의 벌금〈「관광진흥법」 제83조 제1항 제6호 (벌칙)〉

32 관할 등록기관등의 장은 다음의 어느 하나에 해당하는 처분을 하려면 청문을 하여야 한다〈「관광진흥법」 제77조〉.
　　 ㉠ 국외여행 인솔자 자격의 취소
　　 ㉡ 관광사업의 등록등이나 사업계획승인의 취소
　　 ㉢ 관광종사원 자격의 취소
　　 ㉣ 한국관광 품질인증의 취소
　　 ㉤ 조성계획 승인의 취소
　　 ㉥ 카지노기구의 검사 등의 위탁 취소

33 관광진흥법령상 관광특구에 관한 설명으로 옳은 것은?

① 문화체육관광부장관은 관광특구를 방문하는 외국인관광객의 유치촉진 등을 위해 관광특구 진흥계획을 수립하여야 한다.

② 문화체육관광부장관은 관광특구의 활성화를 위하여 관광특구에 대한 평가를 3년마다 실시하여야 한다.

③ 문화체육관광부장관은 관광특구 지정요건에 맞지 아니하거나 추진실적이 미흡한 관광특구에 대하여 관광특구의 지정취소, 면적조정 등 필요한 조치를 할 수 있다.

④ 특별자치시장·특별자치도지사·시장·군수·구청장은 관광객 유치를 위하여 필요하다고 인정하는 시설 및 우수 관광특구에 대해서 관광진흥개발기금을 대여하거나 보조할 수 있다.

〉〉〉〉〉〉〉〉〉 33.②

33 ① 특별자치시장·특별자치도지사·시장·군수·구청장은 다음의 사항이 포함된 진흥계획을 수립·시행한다〈「관광진흥법 시행령」 제59조 제2항〉.

    ㉠ 외국인 관광객을 위한 관광편의시설의 개선에 관한 사항

    ㉡ 특색 있고 다양한 축제, 행사, 그 밖에 홍보에 관한 사항

    ㉢ 관광객 유치를 위한 제도개선에 관한 사항

    ㉣ 관광특구를 중심으로 주변지역과 연계한 관광코스의 개발에 관한 사항

    ㉤ 그 밖에 관광질서 확립 및 관광서비스 개선 등 관광객 유치를 위하여 필요한 사항으로서 문화체육관광부령으로 정하는 사항

③ 시·도지사 또는 특례시의 시장은 진흥계획의 집행 상황에 대한 평가 결과에 따라 다음의 구분에 따른 조치를 해야 한다〈「관광진흥법 시행령」 제60조 제3항〉.

    ㉠ 관광특구의 지정요건에 3년 연속 미달하여 개선될 여지가 없다고 판단되는 경우에는 관광특구 지정 취소

    ㉡ 진흥계획의 추진실적이 미흡한 관광특구로서 ㉢에 따라 개선권고를 3회 이상 이행하지 아니한 경우에는 관광특구 지정 취소

    ㉢ 진흥계획의 추진실적이 미흡한 관광특구에 대하여는 지정 면적의 조정 또는 투자 및 사업계획 등의 개선 권고

④ 문화체육관광부장관은 관광특구를 방문하는 관광객의 편리한 관광 활동을 위하여 관광특구 안의 문화·체육·숙박·상가·교통·주차시설로서 관광객 유치를 위하여 특히 필요하다고 인정되는 시설에 대하여 「관광진흥개발기금법」에 따라 관광진흥개발기금을 대여하거나 보조할 수 있다〈「관광진흥법」 제72조 제2항〉.

34 관광진흥법상 관광사업을 경영하기 위하여 시·도지사 또는 시장·군수·구청장의 지정을 받아야 하는 사업은?

① 관광 편의시설업

② 종합유원시설업

③ 카지노업

④ 여행업

35 관광진흥법상 관광특구에 관한 설명으로 옳지 않은 것은?

① 관광특구로 지정하려면 관광특구 전체면적 중 관광활동과 직접적인 관련성이 없는 토지의 비율이 10퍼센트를 초과하지 아니하여야 한다.

② 관광특구는 시장·군수·구청장의 신청에 따라 시·도지사가 정한다.

③ 시·도지사는 관광특구진흥계획의 집행 상황을 연 1회 평가하여야 한다.

④ 서울특별시에서 관광특구를 지정하려면 해당 지역의 최근 1년간 외국인 관광객 수가 10만명 이상이어야 한다.

>>>>>>>>> 34.① 35.④

ADVICE

34 ① 관광 편의시설업을 경영하려는 자는 문화체육관광부령으로 정하는 바에 따라 특별시장·광역시장·특별자치시장·도지사·특별자치도지사 또는 시장·군수·구청장의 지정을 받아야 한다〈「관광진흥법」 제6조 제1항〉.

35 ④ 서울특별시에서 관광특구를 지정하려면 해당 지역의 최근 1년간 외국인 관광객 수가 50만 명 이상이어야 한다〈「관광진흥법 시행령」 제58조 제1항〉.

36 푸드 마일리지(food mileage)와 관련 있는 것을 모두 고른 것은?

> ㉠ 사회적 책임
> ㉡ 푸드 마일스(food miles)
> ㉢ 미국의 사회학자 폴 레이
> ㉣ 테이크 아웃

① ㉠, ㉡
② ㉠, ㉣
③ ㉡, ㉢
④ ㉢, ㉣

37 복합리조트(IR)에 관한 설명으로 옳지 않은 것은?

① 카지노뿐만 아니라 호텔, 컨벤션, 쇼핑 등이 복합적으로 통합된 리조트를 의미한다.
② 라스베이거스에서 시작되었다.
③ 싱가포르에서는 1개의 복합리조트를 허가하였다.
④ 마리나베이샌즈는 2010년 개장하였다.

〉〉〉〉〉〉〉〉 **36.**① **37.**③

ADVICE

36 푸드 마일리지(Food Mileage)는 '먹거리의 이동거리'를 뜻한다. 산지에서 생산된 농·축·수산물이 먹거리를 이용하는 최종 소비자에게 도달할 때까지 이동한 거리가 푸드 마일리지이다. 푸드 마일리지라는 개념은 1990년대 초반 영국 '지속가능한 농식품 및 환경연합(SAFE)'에서 활동하던 학자 팀 랭(Tim Lang) 교수에 의해 고안됐다.

37 ③ 싱가포르 복합리조트는 마리나베이샌즈, 센토사 리조트 2곳이다.

38 다음 (   )에 들어갈 내용은?

> (   ) 여행사는 여행상품을 만들어 소매여행사에 판매하는 여행사를 말한다.

① 홀세일러(wholesaler)
② 리테일러(retailer)
③ 온라인(on-line)
④ 오프라인(off-line)

39 우리나라가 의료법 개정을 통해 외국인 환자 유치를 허용한 연도는?

① 2006년
② 2009년
③ 2012년
④ 2015년

40 여행업의 산업적 특성이 아닌 것은?

① 계절성이 높은 산업
② 수요탄력성이 낮은 산업
③ 고정자산 비중이 낮은 산업
④ 창업이 용이한 산업

〉〉〉〉〉〉〉〉 **38.**① **39.**② **40.**②

ADVICE

38 ① 홀세일러 여행사는 상품을 기획만 하고 고객에게 직접 판매하지 않는 업체를 뜻한다. 쉽게 말하면 여행상품 도매상이다

39 ② 2009년 1월 30일 의료법 개정으로 외국인환자 유치 행위를 허용하였다.

40 ② 여행업은 수요탄력성과 공급의 비탄력성이 큰 사업이다. 특히 여행수요는 계절에 따라 변동이 심하다.

41 다음 설명에 해당하는 것은?

> • 대한항공에서 개발한 국내 최초의 항공예약 시스템
> • 주요 기능은 항공좌석 예약 및 발권, 호텔·렌터카 예약, 한글 여행정보 제공

① TOPAS
② ABACUS
③ GALILEO
④ SABRE

42 다음 설명에 해당하는 것은?

> • 바쁜 현대인들에게 간편성 제공
> • 가정의 식사를 대체하는 음식이라는 개념
> • 식품산업의 발전된 기술을 이용하여 다양한 레토르트(retort)식품 상품화

① Slow Food
② Local Food
③ LOHAS
④ HMR

43 우리나라 관광발전사에 관한 설명으로 옳지 않은 것은?

① 1970년대에 국제관광공사가 발족되었다.
② 1980년대에 해외여행 완전자유화 조치가 이루어졌다.
③ 1990년대에 경제협력개발기구에 가입하여 선진국 관광정책기구들과 협력이 이루어졌다.
④ 2000년대에 관광산업의 선진화 원년이 선포되었다.

〉〉〉〉〉〉〉〉 **41.**① **42.**④ **43.**①

ADVICE

41 ① 'TOPAS'로 불리는 이 시스템은 예약, 발권은 물론 여행정보를 비롯한 항공업무를 자동으로 처리해 주는 컴퓨터 시스템이다. 여행사나 공항 카운터에서 비행기표를 살 때 작동되는 컴퓨터 화면이 바로 TOPAS이다.

42 ④ HMR은 Home Meal Replacement의 약어로, 가정에서 간편하게 먹을 수 있는 일종의 즉석식품을 말한다.

43 ① 1962년 국제관광공사가 설립되었다.

44 우리나라 관광기구의 약자가 올바르게 짝지어진 것을 모두 고른 것은?

> ㉠ 한국관광협회중앙회 – KTA
> ㉡ 한국호텔업협회 – KTHA
> ㉢ 한국관광공사 – KTO
> ㉣ 한국일반여행업협회 – KGTA

① ㉠, ㉡　　　　　　　　　　　② ㉠, ㉢
③ ㉡, ㉢　　　　　　　　　　　④ ㉡, ㉣

45 관광현상 구성요소 간의 관계를 유기적으로 살펴보는 데 초점을 두는 관광의 정의는?

① 경제적 정의　　　　　　　　　② 사회문화적 정의
③ 여가활동적 정의　　　　　　　④ 시스템적 정의

46 국제관광에 관한 설명으로 옳은 것은?

① 1년 이상 방문객을 관광객으로 본다.
② 경제협력개발기구(OECD)에서는 국제관광객과 영구방문객으로 구분하고 있다.
③ 관광객 수용국 입장에서 인바운드와 아웃바운드로 구분된다.
④ 1990년대 이후 급성장하였다.

>>>>>>>> **44.②　45.④　46.③**

44 ㉡ 한국호텔업협회 – KHA
　㉣ 한국여행업협회 – KATA

45 ④ 시스템적 정의란 관광현상을 이루는 요소의 집합이나 요소와 요소 간의 관계를 유기적으로 살펴보는데 초점을 두는 것을 의미한다.

46 ③ 아웃바운드(outbound)'는 내국인의 외국 여행으로 우리나라 사람들이 외국으로 나가는 것을 말한다. 인바운드는 외국인의 국내 입국, 아웃바운드는 내국인의 외국 출국을 의미한다. 그런 점에서 인바운드는 국내행, 아웃바운드는 외국행이다.
　① 1년 이상을 초과하지 않는 방문객을 관광객으로 본다.
　④ 우리나라 국제 관광 협력은 2000년대 이후 활발하게 전개되어 되어 오고 있다.

47 관광코스 유형이 아닌 것은?

① 안전핀형 ② 스푼형
③ 탬버린형 ④ 방황형

>>>>>>>> 47.④

ADVICE

47 관광코스 유형

ㄱ **피스톤형**: 관광객이 집을 떠나 목적지에 도착한 다음, 현지에서 관광활동을 한 후 다시 동일한 경로를 이용하여 집으로 돌아오는 형태이다.

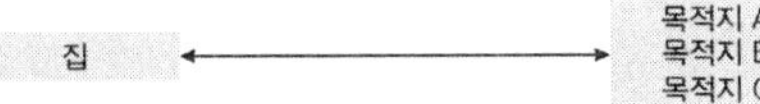

ㄴ **스푼형**: 관광자가 집을 떠나 목적지에 도착한 다음 현지에서 관광활동을 하되, 2곳 이상의 목적지가 근접되어 있어서 이들 목적지에서 관광활동을 한 후 피스톤형과 같이 동일한 경로를 따라 집으로 돌아오는 형태이다.

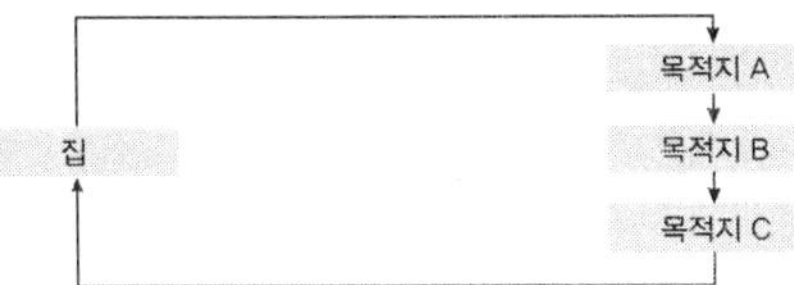

ㄷ **안전핀형**: 관광자가 집을 떠나 목적지에 도착하여 현지에서 관광활동을 한 다음, 올 때와는 다른 루트로 귀가하는 형태로 2곳 이상의 목적지가 근접되어 있는 경우 발생한다.

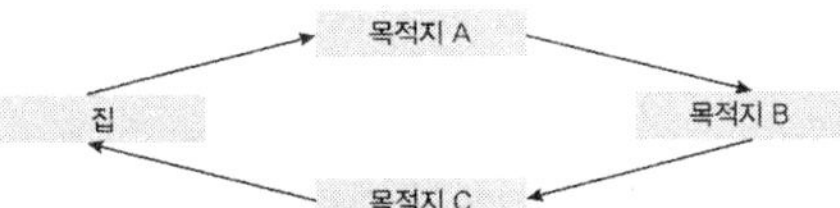

ㄹ **탬버린형**: 관광자가 집을 떠나 목적지를 방문하고 곧바로 거주지로 돌아오지 않고 제2의 목적지를 방문하는 형태로, 다른 목적지를 방문할 때마다 다른 교통로를 선택하여 여행시간과 경비가 가장 많이 소요되는 관광형태이다.

48 코틀러(P.Kotler)가 Marketing Management(1984)에서 밝힌 제품의 3가지 수준이 아닌 것은?

① 확장제품

② 주변제품

③ 실제제품

④ 핵심제품

49 마케팅 용어에 관한 설명으로 옳은 것은?

① 마케팅믹스는 상품(product), 가격(price), 포장(packaging), 판매촉진(promotion)의 최적결합 노력이다.

② 시장세분화는 하나의 시장을 이질성을 지닌 하위시장으로 나누어 마케팅하는 것이다.

③ 표적시장은 세분시장 특성별로 각각 적합한 마케팅믹스를 제공하는 것이다.

④ 포지셔닝은 불특정 시장에 있는 고객의 마음속에 존재하기 위해 마케팅하는 것이다.

50 국민관광에 관한 설명으로 옳지 않은 것은?

① 국민이 자발적으로 관광활동에 참여하는 관광이다.

② 2000년대부터 본격적으로 진흥되었다.

③ 국민관광은 국민의 후생·복지 측면에서 중요하다.

④ 국민관광 이동총량이란 1년 동안 국민들이 국내관광여행 목적으로 이동한 총량이다.

>>>>>>>> **48.② 49.③ 50.②**

ADVICE

48 코틀러 제품의 개념
ㄱ **확장제품** : 핵심 혜택, 가시적 속성들을 제외한 부가적인 서비스를 의미한다.
ㄴ **유형제품** : 제품의 구체적인 물리적 속성들을 의미한다.
ㄷ **핵심제품** : 소비자가 특정 제품에서 원하는 편익을 뜻한다.

49 ① 제품(product), 유통경로(place), 판매가격(price), 판매촉진(promotion) 등 이른바 4P를 합리적으로 결합시켜 의사결정하는 것을 말한다.
② 수요층별로 시장을 분할화 또는 단편화하여 각 층에 대해 집중적으로 마케팅 전략을 펴는 것이다.
④ 소비자의 마음속에 자사제품이나 기업을 표적시장·경쟁·기업 능력과 관련하여 가장 유리한 포지션에 있도록 노력하는 과정이다.

50 ② 1970년대부터 정부는 국제관광 진흥과 외화 획득을 관광개발의 목적으로 관광분야를 경제개발계획에 포함시켜 국가 주요 전략사업으로 추진했다. 이를 위해 관광개발에 관련한 법제도를 정비하고, 관광단지를 전략적으로 개발하였다.

 국사

1 단군신화에 나타나는 사상이나 관념이 아닌 것은?

① 토테미즘
② 샤머니즘
③ 성즉리(性卽理) 사상
④ 천지인(天地人) 사상

2 제작 시기가 가장 빠른 것은?

① 경주 첨성대
② 경주 불국사 삼층석탑(석가탑)
③ 경주 감은사지 동·서 삼층석탑
④ 성덕대왕신종(에밀레종)

〉〉〉〉〉〉〉〉〉 1.③ 2.①

ADVICE

1 ① 부족의 안녕과 기원을 동식물에 연결시켜 신앙시 하는 사상
② 하늘과 인간, 영혼을 연결시키는 무당이나 주술, 신을 믿는 사상
④ 하늘과 땅과 사람이 하나라고 생각하는 사상

2 ① 신라 선덕여왕(재위 632~647년)
② 통일신라 경덕왕 10년(751년)
③ 신문왕 2년(682년)
④ 신라 혜공왕 7년(771년)

3 신라의 왕권강화와 관련된 정책이 아닌 것은?

① 국학 설치
② 식읍 지급
③ 갈문왕 폐지
④ 집사부 설치

4 신라 촌락문서(장적문서)를 통해서 알 수 있는 내용이 아닌 것은?

① 뽕 · 잣 · 호두나무 수까지 기재하였다.
② 남녀 인구를 연령에 따라 등급을 나누었다.
③ 각 마을에 있는 소와 말의 수를 파악하였다.
④ 신라 지방 사회는 소경, 촌, 향, 부곡으로 편제되어 있었다.

5 삼국유사에 관한 설명으로 옳은 것은?

① 불교적인 설화를 많이 채록하였다.
② 고려의 전신인 고구려를 정통(正統)으로 서술하였다.
③ 기전체를 채택하여 본기와 열전으로 구성되어 있다.
④ 삼국의 역사를 중국과 같은 제왕(帝王)의 역사로 인식하였다.

>>>>>>>> 3.② 4.④ 5.①

ADVICE

3 ② 신라는 전제 왕권을 강화하기 위하여 신문왕 9년(689년) 봄 정월에 중앙과 지방 관리들의 녹읍을 폐지하고 해마다 조를 차등 있게 주고 이를 일정한 법으로 삼았다.

4 신라 촌락문서에는 서원경 부근 4개 촌의 크기와 함께, 호구(戸口)의 수, 전답(田畓)의 넓이, 과실나무의 수, 소와 말의 수가 기록되어 있다. 또 3년 사이의 변화상도 적혀 있다. 특히 호구에 대한 정보가 자세한데, 사람의 수는 나이에 따라 등급을 나누어 기록하였다. 가호는 부유한 정도에 따라 9등급으로 나누고, 각 등급별로 합산하여 숫자를 기록하였다.

5 ② 고구려, 백제, 신라 삼국뿐 아니라 고조선에서부터 고려까지, 우리 민족의 흥망성쇠의 역사를 폭넓게 다루고 있는 작품이다.
③ 개인의 저술인 삼국유사는 내용별로 편목을 나누어 옛 이야기를 기술하고 있다.
④ 일연은 정치적으로 불안하고 전쟁으로 고통받던 고려 후기에 중국 문화와 대등하면서도 독자적인 우리 문화에 자부심과 주체성을 가질 수 있도록 『삼국유사』를 집필했다.

6 무신집권기에 관한 설명으로 옳은 것은?

① 정치적인 혼란에도 불구하고 민생은 안정되었다.

② 최씨 정권은 능력 있는 문신들을 기용하여 통치에 활용하였다.

③ 개경의 교종 승려 및 사원 세력을 적극적으로 지원하였다.

④ 최항은 무신의 합의기관인 도방을 만들어 권력을 장악하였다.

7 고려시대 사회에 관한 설명으로 옳은 것은?

① 고려시대에는 여성이 호주가 될 수 없었다.

② 여성들은 재혼할 수 있었으나, 근친혼은 엄격하게 금지되었다.

③ 음서제도에 있어서 친아들과 친손자만 혜택을 누릴 수 있었다.

④ 노비와 토지 등의 재산을 남녀의 차별 없이 동등하게 상속할 수 있었다.

>>>>>>>>> 6.② 7.④

ADVICE

6 ① 민생은 도탄에 빠졌다.
③ 문신과 연결되었던 개경 중심의 이론 불교인 교종이 쇠퇴하고, 선종이 무신들의 비호를 받으며 두각을 나타내었다.
④ 최충헌이 도방을 부활시켰다.

7 ① 여성도 호주가 될 수 있었다.
② 고려시대까지는 왕실과 귀족계층에서 근친혼이 성행했다.
③ 음서를 지급하는 대상은 친아들이 가장 우선권이 있었으며, 아들이 없을 경우 조카, 사위, 친손자와 외손자, 양자 등의 순으로 지급받을 수 있었다.

8 밑줄 친 "이 제도"에 해당하는 것은?

> 경연에서 조광조가 중종에게 아뢰기를 "국가에서 사람을 등용할 때 과거 시험에 합격한 사람을 중요하게 여깁니다. 그러나 매우 현명한 사람이 있다면 어찌 꼭 과거시험에만 국한하여 등용할 수 있겠습니까? 중국 한을 본받아 이 제도를 실시하여 덕행이 있는 사람을 천거하여 인재를 찾으십시오"라고 하였다.
>
> －『중종실록』－

① 현량과
② 빈공과
③ 음서제
④ 독서삼품과

9 조선 전기의 경제 활동에 관한 설명으로 옳지 않은 것은?

① 장인을 공장안에 등록해 각 관청에 소속시켰다.
② 광작의 유행으로 일부 농민은 부농층으로 성장했다.
③ 저화와 조선통보와 같은 화폐를 만들어 유통시켰다.
④ 우리 풍토에 맞는 농사법을 정리한 농사직설을 간행하였다.

>>>>>>>> 8.① 9.②

8 ① 조선 중종 때, 조광조 등의 제안으로 경학에 밝고 덕행이 높은 사람을 천거하여 대책으로 시험을 보아 뽑던 과거 제도이다.
　② 중국 당나라 때, 외국인에게 보게 하던 과거 제도이다.
　③ 고려와 조선 시대에 중신 및 양반의 신분을 우대하여 친족 및 처족을 과거와 같은 선발 기준이 아닌 출신을 고려하여 관리로 사용하는 제도이다.
　④ 국학 졸업생의 학력을 평가하여서 관리로 선발하는 방식이다.

9 ② 광작은 조선 후기 경작 토지의 규모를 확대하여 농업 생산을 도모하던 일로, 지주, 자작농뿐 아니라 소작농도 광작에 참여할 수 있었다.

10 조선 후기 문화에 관한 설명으로 옳은 것을 모두 고른 것은?

> ㉠ 우리나라의 전체 역사를 편찬하려는 노력의 결과 동국통감이 간행되었다.
> ㉡ 고관산수도는 간결하고 과감한 필치로 인물의 내면세계를 느낄 수 있게 표현하였다.
> ㉢ 양반전, 허생전과 같은 한문 소설은 양반 사회의 허구성을 지적하고 실용적 태도를 강조한 것이다.
> ㉣ 종전의 실경산수화에 중국 남종 화법을 가미해 우리 고유의 자연을 표현한 새로운 화법이 창안되었다.

① ㉠, ㉡
② ㉠, ㉣
③ ㉡, ㉢
④ ㉢, ㉣

11 다음 설명에 해당하는 것은?

> 조선 후기 향촌 사회의 지배권을 차지하기 위해 구향과 신향 사이에 벌어진 다툼

① 향전
② 향회
③ 향약
④ 향안

12 흥선대원군이 실시한 정책으로 옳지 않은 것은?

① 당백전 발행
② 경복궁 중건
③ 호포제 실시
④ 대전통편 편찬

>>>>>>>> **10.④ 11.① 12.④**

ADVICE

10 ㉠ 조선전기 문신·학자 서거정 등이 왕명으로 고대부터 고려 말까지의 역사를 기록하여 1485년에 편찬한 역사서이다.
㉡ 고관산수도를 그린 조선 문인화가 조영석은 조선전기 시대 인물이다.

11 ② 향안에 등록되어 있는 향원들의 모임이다.
③ 향촌 규약의 준말로, 지방의 향인들이 서로 도우며 살아가자는 약속이다.
④ 향촌 사회의 지배층인 사족의 명단을 기록한 문서이다.

12 ④ 『대전통편』은 정조 9년(1785년)에 편찬되었다.

13 광무개혁에 관한 설명으로 옳은 것은?

① 단발령과 종두법을 시행하였다.

② 토지를 조사하는 양전사업을 실시하였다.

③ 국가 재정을 탁지아문으로 일원화하였다.

④ 개혁의 기본 강령인 홍범 14조를 반포하였다.

14 다음의 사건을 발생한 순서대로 올바르게 나열한 것은?

> ㉠ 조선어 학회 사건
> ㉡ 6 · 10 만세 운동
> ㉢ 광주 학생 항일 운동
> ㉣ 3 · 1 운동

① ㉠ → ㉡ → ㉢ → ㉣ ② ㉡ → ㉣ → ㉠ → ㉢

③ ㉢ → ㉡ → ㉠ → ㉣ ④ ㉣ → ㉡ → ㉢ → ㉠

15 노태우 정부의 대북정책에 관한 설명으로 옳은 것은?

① 「남북 관계 발전과 평화 번영을 위한 선언」을 채택하였다.

② 북한과 평화 통일 원칙에 합의한 「7 · 4 남북 공동 성명」을 발표하였다.

③ 남북 유엔 동시 가입과 「남북 기본 합의서」를 채택하는 성과를 이루었다.

④ 최초로 남북 정상 회담이 개최되고 「6 · 15 남북 공동 선언」을 채택하였다.

>>>>>>>> 13.② 14.④ 15.③

ADVICE

13 ①③④ 갑오개혁

14 ㉣ 1919년 3월 1일
㉡ 1926년 6월 10일
㉢ 1929년
㉠ 1942년 10월

15 노태우 정부(1988년~1993년)
① 2007년 ② 1972년 ④ 2000년

16 우리나라 국립공원에 관한 설명으로 옳지 않은 것은?

① 지리산은 최초로 지정된 국립공원이다.

② 공원구역 면적이 가장 넓은 국립공원은 태안해안이다.

③ 2022년 현재 총 22개의 국립공원이 지정되어 있다.

④ 오대산 국립공원은 강원도에 위치하고 있다.

17 산업관광자원이 아닌 것은?

① 제철소

② 조선소

③ 자동차 공장

④ 풍속

>>>>>>>> 16.② 17.④

ADVICE

16 ② 우리나라에서 면적이 가장 넓은 국립공원은 '다도해해상 국립공원'이다.

17 ④ 사회적 관광 자원이다.

18 무형유산에 해당하는 것은?

① 농악

② 건조물

③ 종교 서적

④ 석탑

19 관광자원의 설명으로 옳은 것은?

① 매력성은 관광자원의 중요한 요소가 아니다.

② 관광자원은 관광목적물이 아니다.

③ 관광자원은 유·무형의 대상물이 있다.

④ 관광자원과 관광시설은 연관성이 없다.

20 향토축제와 지역의 연결이 옳지 않은 것은?

① 화천 산천어축제 – 강원도

② 김제 지평선축제 – 전라북도

③ 고려산 진달래축제 – 충청북도

④ 자라섬 재즈페스티벌 – 경기도

>>>>>>>> 18.① 19.③ 20.③

ADVICE

18 ① 무형유산은 연극·음악·무용·놀이와 의식·무예·공예기술·음식 등 무형의 문화적 소산으로서 역사적·예술적 또는 학술적 가치가 큰 것을 가리킨다.

19 ① 관광자원의 매력성은 관광지의 개발 유형을 결정하는 핵심요소이다.
② 관광의 주체는 관광객이고, 객체(목적물)는 관광자원이다.
④ 관광시설은 관광자원을 이용하는데 편의를 제공하므로 연관성이 있다.

20 ③ 고려산 진달래축제 – 강화도

21 마이스(MICE)산업의 특징에 관한 설명으로 옳은 것은?

① 일반 관광 상품에 비해 수익성이 매우 낮다.

② 부가가치가 적은 복합 전시 산업을 의미하는 신조어이다.

③ 고용 등 경제적 파급효과가 낮아 별로 주목을 받지 못하고 있다.

④ 최근 지역 경제 활성화를 위한 새로운 성장 동력으로 자리 잡아가고 있다.

22 우리나라 유네스코 세계기록유산의 기록 내용을 시대 순서대로 올바르게 나열한 것은?

> ㉠ 훈민정음(해례본)
> ㉡ 난중일기(亂中日記)
> ㉢ 새마을운동 기록물
> ㉣ 5 · 18 광주 민주화 운동 기록물

① ㉠ → ㉡ → ㉢ → ㉣
② ㉠ → ㉡ → ㉣ → ㉢
③ ㉡ → ㉠ → ㉢ → ㉣
④ ㉡ → ㉠ → ㉣ → ㉢

〉〉〉〉〉〉〉〉 21.④ 22.①

ADVICE

21 MICE 산업은 대규모 회의장이나 전시장 등 전문시설을 갖추고 국제회의, 전시회, 인센티브투어와 이벤트를 유치하여 경제적 이익을 실현하는 산업으로 숙박, 교통, 관광, 무역, 유통 등 관련 여러 산업과 유기적으로 결합한 고부가가치 산업이다.

① 일반 관광 상품에 비해 수익성이 높다.

② 고부가가치 산업이다.

③ 최근 들어 고용 창출 및 경제적 파급효과가 커 주목 받고 있다.

22 ㉠ 1446년(세종 28년)

㉡ 1592년~1598년(임란 7년)

㉢ 1970년~1979년

㉣ 1980년 5월 18일~5월 27일

23 무형유산에 관한 설명으로 옳지 않은 것은?

① 무형유산은 무형의 문화적 소산이다.

② 남사당놀이는 고구려시대 서민층을 공연 대상으로 하였다.

③ 은산별신제는 충청남도 부여군에서 전승되었다.

④ 통영오광대는 탈놀이로 무형유산이다.

24 우리나라 전통 건축양식에 관한 설명으로 옳은 것을 모두 고른 것은?

㉠ 배흘림기둥은 원형기둥의 하부에서 1/3지점이 굵고 상부와 하부가 가늘다.
㉡ 주심포 양식은 공포(栱包)를 기둥 위뿐 아니라 기둥 사이에도 설치한다.
㉢ 다포 양식은 공포가 기둥 위에만 있다.
㉣ 경복궁 근정전은 다포 양식 목조 건물의 대표적인 건축물이다.

① ㉠, ㉡

② ㉠, ㉣

③ ㉡, ㉢

④ ㉢, ㉣

25 일월오봉도에 관한 설명으로 옳지 않은 것은?

① 조선시대 궁궐 정전의 어좌 뒤편에 놓였던 병풍이다.

② 다섯 개의 산봉우리와 해, 달, 소나무 등을 소재로 삼았다.

③ 왕과 신하의 권위와 존엄을 상징한다.

④ 4첩, 8첩, 한 폭 짜리 협폭, 삽병 형식 등 다양한 형태로 남아 있다.

〉〉〉〉〉〉〉〉 **23.② 24.② 25.③**

ADVICE

23 ② 꼭두쇠(우두머리)를 비롯해 최소 40명에 이르는 남자들로 구성된 유랑연예인인 남사당패가 농·어촌을 돌며, 주로 서민층을 대상으로 조선 후기부터 1920년대까지 행했던 놀이이다.

24 ㉡ 주심포 양식은 공포가 기둥 위에만 있다.
㉢ 다포 양식은 공포를 기둥 위뿐 아니라 기둥 사이에도 설치한다.

25 ③ 해와 달, 그 아래 다섯 봉우리와 소나무 그리고 파도치는 물결이 좌우 대칭을 이루며 왕의 권위와 존엄을 상징하는 그림이다.

26 관광기본법상 관광기본법의 목적이 아닌 것은? (기출변형)

① 국제친선의 증진

② 지역균형발전

③ 국민복지의 향상

④ 건전하고 지속가능한 국민관광의 발전 도모

27 관광진흥법상 용어의 정의로 옳지 않은 것은?

① "소유자등"이란 단독 소유나 공유(共有)의 형식으로 관광사업의 일부 시설을 관광사업자로부터 분양받은 자를 말한다.

② "지원시설"이란 관광지나 관광단지의 관리·운영 및 기능 활성화에 필요한 관광지 및 관광단지 안팎의 시설을 말한다.

③ "관광사업자"란 관광사업을 경영하기 위하여 인가·허가·승인 또는 지정을 받거나 등록 또는 신고를 한 자를 말한다.

④ "여행이용권"이란 관광취약계층이 관광 활동을 영위할 수 있도록 금액이나 수량이 기재된 증표를 말한다.

>>>>>>>> 26.② 27.③

ADVICE

26 이 법은 관광진흥의 방향과 시책에 관한 사항을 규정함으로써 국제친선을 증진하고 국민경제와 국민복지를 향상시키며 건전하고 지속가능한 국민관광의 발전을 도모하는 것을 목적으로 한다〈「관광기본법」 제1조〉.

27 ③ "관광사업자"란 관광사업을 경영하기 위하여 등록·허가 또는 지정을 받거나 신고를 한 자를 말한다〈「관광진흥법」 제2조 제2호〉.

28 관광진흥법령상 여행업자가 여행계약서에 명시된 숙식, 항공 등 여행일정 변경시 사전에 여행자로부터 받아야 할 서면동의서에 포함되는 사항을 모두 고른 것은?

> ㉠ 여행의 변경내용
> ㉡ 여행의 변경으로 발생하는 비용
> ㉢ 여행목적지(국가 및 지역)의 여행경보단계
> ㉣ 여행자 또는 단체의 대표자가 일정변경에 동의한다는 의사표시의 자필서명

① ㉠
② ㉠, ㉡
③ ㉠, ㉡, ㉣
④ ㉡, ㉢, ㉣

29 관광진흥개발기금법령상 기금납부면제대상자가 아닌 부모와 8세의 자녀로 구성된 가족 3명이 국내 항만을 통해 선박으로 출국하는 경우 납부해야 할 납부금의 총 액수는?

① 2천원
② 3천원
③ 2만원
④ 3만원

30 관광진흥법령상 관광사업의 영업에 대한 지도와 감독의 내용으로서 영업소의 폐쇄조치 사유에 해당하는 것은? (기출변형)

① 甲이 처분이 금지된 관광사업의 시설을 타인에게 처분한 경우
② 乙이 의료관광호텔업자의 지위를 승계하고도 법정 기간내에 신고를 하지 않은 경우
③ 丙이 보험 또는 공제에 가입하지 아니하거나 영업보증금을 예치하지 아니하고 여행업을 시작한 경우
④ 丁이 테마파크업을 신고 없이 영업을 하는 경우

〉〉〉〉〉〉〉〉 28.③ 29.① 30.④

ADVICE

28 서면동의서에는 변경일시, 변경내용, 변경으로 발생하는 비용 및 여행자 또는 단체의 대표자가 일정변경에 동의한다는 의사를 표시하는 자필서명이 포함되어야 한다〈「관광진흥법 시행규칙」 제22조의4 제3항〉.

29 국내 공항과 항만을 통하여 출국하는 자는 7천 원을 기금에 납부하여야 한다. 다만, 선박을 이용하는 경우에는 1천 원으로 한다. 12세 미만인 어린이는 납부대상이 아니다〈「관광진흥개발기금법 시행령」 제1조의2〉.

30 ①②③ 등록취소 사유에 해당한다〈「관광진흥법」 제35조 제1항〉.

31 관광진흥법상 관광종사원의 자격을 필수적으로 취소해야 하는 사유로 명시된 것은?

① 관광종사원 자격증을 가지고 있는 관광사업자에게 영업소가 폐쇄된 후 2년이 지나지 아니한 사실이 발견된 경우

② 관광종사원으로서 직무를 수행하는 데에 비위(非違)를 저지른 사실이 2번째로 적발된 경우

③ 관광종사원 자격증을 가지고 있는 관광사업자의 관광사업 등록이 취소된 경우

④ 다른 사람에게 관광종사원 자격증을 대여한 경우

32 국제회의산업 육성에 관한 법령상 국제기구나 국제기구에 가입한 기관 또는 법인·단체가 개최하는 회의가 국제회의에 해당하기 위한 요건이다. (   )에 들어갈 내용을 순서대로 올바르게 나열한 것은?

- 해당 회의에 3개국 이상의 외국인이 참가할 것
- 회의 참가자가 100명 이상이고 그 중 외국인이 (㉠)명 이상일 것
- (㉡)일 이상 진행되는 회의일 것

---

① ㉠ : 50, ㉡ : 3
② ㉠ : 50, ㉡ : 2
③ ㉠ : 100, ㉡ : 2
④ ㉠ : 100, ㉡ : 3

〉〉〉〉〉〉〉〉 **31.④ 32.②**

ADVICE

31 「관광진흥법」제40조(자격취소 등) … 문화체육관광부장관(관광종사원 중 대통령령으로 정하는 관광종사원에 대하여는 시·도지사)은 자격을 가진 관광종사원이 다음의 어느 하나에 해당하면 문화체육관광부령으로 정하는 바에 따라 그 자격을 취소하거나 6개월 이내의 기간을 정하여 자격의 정지를 명할 수 있다. 다만, ㉠ 및 ㉢에 해당하면 그 자격을 취소하여야 한다.
㉠ 거짓이나 그 밖의 부정한 방법으로 자격을 취득한 경우
㉡ 결격사유의 어느 하나에 해당하게 된 경우
- 피성년후견인·피한정후견인
- 파산선고를 받고 복권되지 아니한 자
- 이 법을 위반하여 징역 이상의 실형을 선고받고 그 집행이 끝나거나 집행을 받지 아니하기로 확정된 후 2년이 지나지 아니한 자 또는 형의 집행유예 기간 중에 있는 자
㉢ 관광종사원으로서 직무를 수행하는 데에 부정 또는 비위(非違) 사실이 있는 경우
㉣ 법을 위반하여 다른 사람에게 관광종사원 자격증을 대여한 경우

32 국제회의의 요건〈「국제회의산업 육성에 관한 법률 시행령」제2조(국제회의의 종류·규모) 제1호〉
㉠ 해당 회의에 3개국 이상의 외국인이 참가할 것
㉡ 회의 참가자가 100명 이상이고 그 중 외국인이 50명 이상일 것
㉢ 2일 이상 진행되는 회의일 것

33 관광진흥법령상 한국관광 품질인증을 받을 수 있는 사업이 아닌 것은?

① 관광면세업
② 외국인관광 도시민박업
③ 관광식당업
④ 한국전통호텔업

34 관광진흥법상 문화관광해설사에 관한 설명으로 옳지 않은 것은?

① 문화체육관광부장관은 3년마다 문화관광해설사의 양성 및 활용계획을 수립하여야 한다.
② 지방자치단체의 장은 예산의 범위에서 문화관광해설사의 활동에 필요한 비용을 지원할 수 있다.
③ 지방자치단체의 장은 「관광진흥법」에 따른 교육과정을 이수한 자를 문화관광해설사로 선발하여 활용할 수 있다.
④ 문화체육관광부장관은 문화관광해설사를 선발하는 경우 평가 기준에 따라 이론 및 실습을 평가하고, 3개월 이상의 실무수습을 마친 자에게 자격을 부여할 수 있다.

>>>>>>>> 33.④ 34.①

ADVICE

33 한국관광 품질인증의 대상〈「관광진흥법 시행령」 제41조의11〉
   ㉠ 야영장업
   ㉡ 외국인관광 도시민박업
   ㉢ 한옥체험업
   ㉣ 관광식당업
   ㉤ 관광면세업
   ㉥ 숙박업
   ㉦ 외국인관광객면세판매장
   ㉧ 그 밖에 관광사업 및 이와 밀접한 관련이 있는 사업으로서 문화체육관광부장관이 정하여 고시하는 사업

34 ① 문화체육관광부장관은 문화관광해설사를 효과적이고 체계적으로 양성·활용하기 위하여 해마다 문화관광해설사의 양성 및 활용계획을 수립하고, 이를 지방자치단체의 장에게 알려야 한다〈「관광진흥법」 제48조의4 제1항〉.

35 관광진흥법상 관광개발기본계획에 포함되어야 할 사항으로 명시된 것이 아닌 것은?

① 전국의 관광 수요와 공급에 관한 사항

② 관광권역(觀光圈域)의 설정에 관한 사항

③ 관광권역별 관광개발의 기본방향에 관한 사항

④ 관광지 연계에 관한 사항

>>>>>>>> 35.④

ADVICE

35 관광개발기본계획〈「관광진흥법」 제49조 제1항〉
 ㉠ 전국의 관광 여건과 관광 동향(動向)에 관한 사항
 ㉡ 전국의 관광 수요와 공급에 관한 사항
 ㉢ 관광자원 보호·개발·이용·관리 등에 관한 기본적인 사항
 ㉣ 관광권역(觀光圈域)의 설정에 관한 사항
 ㉤ 관광권역별 관광개발의 기본방향에 관한 사항
 ㉥ 그 밖에 관광개발에 관한 사항

36 다음의 관광 어원이 되는 글귀가 처음 등장한 중국 문헌은?

> "觀國之光利用賓于王"(관국지광 이용빈우왕)

① 역경(易經)　　　　　　　　　　　② 시경(詩經)

③ 춘추(春秋)　　　　　　　　　　　④ 논어(論語)

37 친환경적인 대안관광(alternative tourism)의 행태로 옳지 않은 것은?

① 지속가능한 관광(sustainable tourism)　　② 대중관광(mass tourism)

③ 농촌관광(rural tourism)　　　　　　　　④ 생태관광(ecotourism)

38 2000~2020년에 대한민국에서 개최한 국제 행사가 아닌 것은?

① 대전 세계박람회　　　　　　　　　② APEC 정상회의

③ ASEM 정상회의　　　　　　　　　④ G20 정상회담

>>>>>>>> **36.**① **37.**② **38.**①

ADVICE

36 ① 관광(觀光)이라는 말은 중국 주나라 시절 만들어진 '역경'의 '관국지광 이용빈우왕(觀國之光利用賓于王)'이라는 구절에서 유래되었다. '육사는 나라의 빛남을 봄이니 왕의 빈객됨이 이롭다'라는 뜻이다.

37 대안관광(alternative tourism)은 기존의 관광형태(대량관광)가 관광지의 자연자원 훼손, 생태계 파괴, 지역사회에 대한 부정적 영향 등을 초래한다는 인식이 증가하면서 등장한 개념이다. 대안관광은 소규모 집단으로 이루어지며, 경제적인 편익도 적절하게 제공하는 동시에 자연환경에 부정적 영향을 적게 주는 바람직한 관광을 의미한다. 생태관광(Eco Tourism), 자연관광(Nature Tourism), 소규모관광(Small-scale Tourism), 녹색관광(Green Tourism), 마을관광(Village/Cottage Tourism) 등 다양한 형태를 포괄하는 개념이다.

38 ① 대전 세계박람회(EXPO)는 1993년에 개최되었다.

39 관광 법규가 제정된 시기를 순서대로 올바르게 나열한 것은?

> ㉠ 관광기본법
> ㉡ 관광진흥개발기금법
> ㉢ 관광진흥법
> ㉣ 한국관광공사법
> ㉤ 국제회의 육성에 관한 법률

① ㉠ → ㉡ → ㉣ → ㉤ → ㉢
② ㉠ → ㉡ → ㉤ → ㉣ → ㉢
③ ㉡ → ㉠ → ㉢ → ㉣ → ㉤
④ ㉡ → ㉠ → ㉣ → ㉢ → ㉤

40 여행 산업의 특성으로 옳은 것은?

① 현금유동성이 낮은 산업이다.
② 외부환경에 민감한 업종이다.
③ 고정자산비중이 높은 산업이다.
④ 기술집약적 산업이다.

〉〉〉〉〉〉〉〉 39.④ 40.②

ADVICE

39 ㉡ 1972년
　㉠ 1975년
　㉣ 1986년 5월
　㉢ 1986년 12월
　㉤ 1996년

40 여행 산업의 특성
　㉠ 고정자본, 설비 투자가 적다.
　㉡ 현금 유동성이 높고 외상거래 빈도가 낮아 위험부담이 적다.
　㉢ 재고자산이 발생하지 않는다.
　㉣ 노동력에 대한 의존도가 높다.
　㉤ 외부환경에 민감한 업종이다.
　㉥ 제품의 수명주기가 짧다.
　㉦ 모방하기가 쉬워 차별화가 힘들다.
　㉧ 계절성이 강하다.

41 다음에서 설명하는 카지노 게임은?

> • 카드를 사용하여 플레이어와 딜러가 승부를 겨루는 게임이다.
> • 플레이어는 카드의 합이 21 또는 21에 가까운 숫자를 얻는데 목적이 있다.

① 바카라
② 다이사이
③ 키노
④ 블랙잭

42 관광사업의 종류 중 카지노업에 관한 설명으로 옳지 않은 것은?

① 한국 카지노 설립의 근거 법은 1961년에 제정된 '복표발행 · 현상기타사행행위단속법'이다.
② 2006년 7월 이후, 제주도를 포함한 전국 카지노 사업 허가권과 지도 · 감독권은 문화체육관광부에서 가지고 있다.
③ 강원랜드는 「폐광지역개발지원에 관한특별법」에 의해 2045년까지 한시적으로 내국인 출입이 허용되고 있다.
④ 2021년 12월 기준 외국인 전용카지노는 16개, 내국인출입 카지노는 1개이다.

43 다음에서 설명하는 것으로 옳은 것은?

> 제시된 한 가지 주제에 대해 상반된 동일 분야의 전문가들이 사회자의 주관 아래 서로 다른 견해를 청중 앞에서 전개하는 공개토론회로 청중의 참여가 활발히 이루어지며 사회자의 중립적 역할이 중요한 회의

① 워크샵(workshop) ② 세미나(seminar)
③ 포럼(forum) ④ 컨퍼런스(conference)

44 IATA code에 따른 항공사별 연결이 옳지 않은 것은?

① OZ -아시아나항공
② KE -대한항공
③ TW-티웨이항공
④ RS -진에어

45 관광사업의 구성요소인 관광매체에 관한 설명으로 옳은 것은?

① 관광자원, 관광시설, 기반시설 등을 말한다.
② 관광매체는 관광객의 관광욕구를 충족시켜 줄 수 있는 모든 관광자원이다.
③ 관광매체는 관광객과 관광대상을 연결시켜주는 역할을 한다.
④ 관광하는 사람 또는 방문자를 의미한다.

>>>>>>>> 43.③ 44.④ 45.③

ADVICE

43 ① 작업실, 혹은 작업에 필요한 논의를 하는 연수회를 의미하는 사무 용어다.
② 어떤 대상에 대해 학술적인 토론, 연구를 갖기 위한 모임이다.
④ 공통의 주제에 관해 사람들이 모여 토론하는 대규모 회의를 일컫는다.

44 ④ RS - 에어서울

45 ①② 관광객체에 관한 설명이다.
④ 관광주체에 관한 설명이다.

46 관광진흥법령상 국내외를 여행하는 내국인 및 외국인을 대상으로 하는 여행업은?

① 종합여행업   ② 일반여행업
③ 국내외여행업   ④ 국외여행업

47 관광교통의 특성으로 옳지 않은 것은?

① 수요의 탄력성이 크다.
② 관광교통의 수요는 세분화되어 있다.
③ 대중교통수단은 해당되지 않는다.
④ 관광자원에 대한 매력도를 상승시킬 수 있다.

48 다음 업무를 수행하는 기관은?

> • 관광산업 및 정책총괄
> • 관광에 대한 대외적 및 전국적 차원의 정책수립
> • 정부발표에 대한 사무 및 총괄

① 한국관광공사   ② 한국관광협회중앙회
③ 한국여행업협회   ④ 문화체육관광부

>>>>>>>> **46.**① **47.**③ **48.**④

ADVICE

46 여행업의 종류
  ㉠ **종합여행업** : 국내외를 여행하는 내국인 및 외국인을 대상으로 하는 여행업(사증(查證)을 받는 절차를 대행하는 행위를 포함한다)
  ㉡ **국내외여행업** : 국내외를 여행하는 내국인을 대상으로 하는 여행업(사증을 받는 절차를 대행하는 행위를 포함한다)
  ㉢ **국내여행업** : 국내를 여행하는 내국인을 대상으로 하는 여행업

47 ③ 대중교통을 이용해서 관광지로 가는 과정에서 추가적인 효용을 얻을 수 있다.

48 ① 관광진흥·관광자원·국민관광진흥 개발 및 관광요원의 양성훈련에 관한 사업을 수행하는 문화체육관광부 산하의 정부투자기관이다.
  ② 지역별 및 업종별 관광협회가 설립한 관광사업을 대표하는 기구이다.
  ③ 관광사업의 일 분야인 여행업을 대표하는 협회이다.

49 외국인 관광객이 우리나라에 가장 많이 입국한 해는?

① 2017년　　　　　　　　　　　② 2018년

③ 2019년　　　　　　　　　　　④ 2020년

50 2023년 한국관광공사 선정 스마트 관광도시가 아닌 곳은?

① 남원　　　　　　　　　　　　② 청주

③ 경주　　　　　　　　　　　　④ 제주

>>>>>>>> 49.③　50.④

ADVICE

49 우리나라 외국인 관광객 입국자 현황
　㉠ 2017년 : 1333만
　㉡ 2018년 : 1534만
　㉢ 2019년 : 1750만
　㉣ 2020년 : 251만
　㉤ 2021년 : 96만
　㉥ 2022년 : 320만
　㉦ 2023년 : 1103만
　㉧ 2024년 : 1636만

50 스마트관광도시

선정 연도	지역
2020	인천 : 모바일로 떠나는 19세기 시간여행 인천e지
2021	수원 : 타임슬립 1795 수원 화성
2021	여수 : 밤 · 디 · 불(밤바다, 디지털, 반딧불) 여수여행
2021	대구 : 스마트한 저녁관광, After 5ive 수성
2022	양양 : 내 손안의 파도, 스마트한 여행 「스마트 서프시티 양양」
2022	경주 : 다시 천년! 경주로(RO)-ON
2022	청주 : 디지로그시티 청주! 나를 기록하다!
2022	남원 : 전통문화 체류형 스마트 관광도시 「광한루 연가」
2022	울산 : 고래가 만드는 미래의 물결, 「Smart Whale City 울산」
2023	인제 : 포:레스트 매직
2023	용인 : '스마트 다다익선 용인' Link & Stay
2023	통영 : 투나잇 통영, 섬으로 가는 길

2023년 기출문제분석

 국사

1 빗살무늬토기가 전국적으로 널리 분포하던 시대에 관한 설명으로 옳지 않은 것은?

① 가락바퀴나 뼈바늘이 출토되는 것으로 보아 옷이나 그물이 만들어졌다.

② 연장자나 경험이 많은 자가 자기 부족을 이끌어 나가는 평등사회였다.

③ 사람이 죽어도 영혼은 없어지지 않는다고 생각하는 영혼 숭배와 조상 숭배가 나타났고, 무당과 그 주술을 믿는 샤머니즘도 있었다.

④ 청동 제품을 제작하던 거푸집이 전국의 여러 유적에서 발견되고 있다.

>>>>>>>> 1.④

ADVICE

1 빗살무늬토기는 신석기 시대의 유물이다. 신석기 시대에는 정착생활이 이루어지면서 농경과 목축이 시작되었다. 대개 연장자가 부족을 통솔하였으며 간석기를 비롯하여 빗살무늬토기, 가락바퀴, 뼈바늘 등의 유물이 출토되어 농경 및 의복생활을 했음을 알 수 있다. 또한 원시신앙으로 토테미즘, 애니미즘, 샤머니즘, 영혼 및 조상 숭배 사상이 출현하였다.

④ 철기시대

2 다음의 나라에 관한 설명으로 옳은 것은?

> 12월에 영고라는 제천행사가 열렸다. 이 때에는 하늘에 제사를 지내고 노래와 춤을 즐겼으며, 죄수를 풀어주기도 하였다.

① 왕과 신하들이 국동대혈에 모여 함께 제사를 지냈다.
② 남의 물건을 훔쳤을 때에는 물건값의 12배를 배상하는 법 조항이 전해진다.
③ 각 부족의 영역을 함부로 침범하지 못하게 하였으며, 다른 부족의 생활권을 침범하면 책화라하여 노비와 소, 말로 변상하게 하였다.
④ 가족이 죽으면 시체를 가매장하였다가 나중에 그 뼈를 추려서 가족 공동 무덤인 커다란 목곽에 안치하였다.

3 다음 설명에 해당하는 것은?

> 고구려가 당의 침략에 대비하여 16년간의 공사 끝에 647년 완성하였다. 부여성에서 비사성에 이른다. 연개소문은 이것의 축조를 감독하면서 요동 지방의 군사력을 장악하여 정권을 잡을 수 있었다.

① 4군 6진　　　　　　　　② 강동6주
③ 동북9성　　　　　　　　④ 천리장성

>>>>>>>>> 2.②　3.④

ADVICE

2 제시문의 국가는 부여이다. 연맹왕국인 부여는 왕과 함께 마가, 우가, 구가, 저가라는 세력이 사출도를 통치하며 막강한 권한을 행사하였다. 또한 부여에는 1책 12법이라 하여 남의 물건을 훔친 경우 물건값의 12배를 배상하게 하는 법 조항이 있었다. 그 외에 순장이나 우제점복의 풍습이 있었다.
　① 고구려　　③ 동예　　④ 옥저

3 고구려 말기 영류왕(631) 대에 연개소문의 주도로 당나라의 침입을 막기 위하여 축조된 성은 천리장성이다.
　① 4군 6진 : 조선 세종 대 북방 개척
　② 강동 6주 : 고려 성종 대 거란의 침입과정에서 서희의 외교담판(993)으로 확보
　③ 동북 9성 : 고려 예종(1107)대 윤관이 여진족을 정벌하고 축조

4 고구려 초기에 수도인 국내성(집안)에서 만들어진 지배자의 무덤은 무엇인가?

① 돌무지무덤

② 돌무지덧널무덤

③ 벽돌무덤

④ 나무곽무덤

5 백제 성왕 대에 일어난 사건에 관한 설명으로 옳지 않은 것은?

① 대외 진출이 쉬운 사비(부여)로 도읍을 옮기고 국호를 남부여라고 부르기도 했다.

② 중국 남조와 활발하게 교류함과 아울러 일본에 불교를 전하기도 하였다.

③ 일시적으로 한강을 수복하였지만, 곧 신라에 빼앗기고, 왕도 관산성에서 전사하였다.

④ 불교를 처음으로 공인하여 중앙 집권 체제를 사상적으로 뒷받침하였다.

>>>>>>>>> 4.① 5.④

ADVICE

4 고구려 국내성 유적지에 있는 무덤은 장군총으로 해당 무덤은 고구려 초기 무덤 양식인 돌무지무덤(적석총)이다. 고구려 후기 무덤 양식은 굴식돌방무덤(강서대묘)이다.
① **돌무지덧널무덤** : 신라 초기 무덤 양식
② **벽돌무덤** : 백제 무령왕릉
④ **나무곽무덤**(덧널무덤) : 초기 철기시대 무덤 양식

5 성왕은 백제를 중흥시키기 위하여 기존의 도읍이었던 웅진에서 사비(부여)로 천도(538)하고, 국호를 남부여로 하였다. 또한 중앙은 22부, 수도는 5부, 지방은 5방으로 제도를 정비하였으며, 불교를 진흥하여 일본에 불교를 전파하였다. 대외적으로는 중국의 남조와 교류하였고, 신라에게 빼앗긴 한강유역을 일시적으로 수복하였지만 관산성 전투에서 신라에게 패하여 전사하였다.
④ 백제에서 불교를 공인한 것은 침류왕(384)이다.

6 통일 신라의 지방 행정 조직에 관한 설명으로 옳은 것은?

① 전국을 5도와 양계로 크게 나누고 3경, 4도호부, 8목 등을 설치하였다.

② 지방관을 감찰하기 위하여 내사정을 파견하였다.

③ 지방 세력을 견제하기 위하여 상수리제도를 실시하였다.

④ 전략적 요충지에 5경을 두었고, 지방 행정의 중심에 15부를 두었다.

7 다음은 발해의 역사적 사건이다. 시기 순으로 올바르게 나열한 것은?

㉠ 길림성 돈화시 동모산 기슭에서 건국
㉡ 중국인들에 의해 해동성국이라 불림
㉢ 장문휴의 수군으로 당의 산동 지방을 공격
㉣ 중국과 대등한 지위에 있음을 과시하기 위해 대흥이라는 독자적인 연호 사용

---

① ㉠ → ㉡ → ㉢ → ㉣
② ㉠ → ㉢ → ㉡ → ㉣
③ ㉠ → ㉢ → ㉣ → ㉡
④ ㉡ → ㉠ → ㉣ → ㉢

ADVICE

6 신라는 삼국통일 이후 신문왕 대에 9주 5소경 제도를 통해 지방 행정 제도를 정비하였다. 또한 지방관을 감찰하기 위해 외사정을 파견하였고, 다른 한편으로 지방세력 견제를 위하여 상수리제도를 시행하였다. 상수리제도는 지방 세력의 자제를 왕경인 서라벌로 보내게 하는 제도로 지방세력의 반란을 막기 위한 일종의 인질 제도였다.
① 고려의 지방행정제도이다.
② 내사정이 아니라 외사정이다.
④ 발해의 지방행정제도이다.

7 ㉠ 대조영 : 발해 건국(698)
㉢ 발해 무왕 : 장문휴의 수군으로 당의 산동 지방을 공격(732)
㉣ 발해 문왕 : 독자적 연호인 '대흥'을 사용(737)
㉡ 발해 선왕 : 해동성국이라 불림(818~830)

8 고려 성종에 관한 설명으로 옳은 것은?

① 서경에 대화궁을 신축하였다.

② 정계와 계백료서를 간행하였다.

③ 속오법에 따라 속오군 체제로 정비하였다.

④ 12목을 설치하고 처음으로 목사를 파견하였다.

9 다음 설명에 해당하는 것은?

> 기병인 신기군, 보병인 신보군, 승병인 항마군으로 편성된 특수 부대이다.

① 별기군

② 별무반

③ 삼별초

④ 훈련도감

>>>>>>>> 8.④ 9.②

ADVICE

8 고려 성종은 최승로가 건의한 '시무 28조'에 따라 유교정치이념을 강화하고 지방세력에 대한 통제를 강화하기 위하여 12
목을 설치해 지방관을 파견하였다.
　① **서경 대화궁**(1124) : 고려 인종 대 묘청의 건의로 신축
　② **정계와 계백료서** : 고려 태조 대에 간행
　③ **속오군 체제** : 조선시대 임진왜란 이후 정비한 지방군 체제

9 별무반(1104)은 고려 숙종 대 여진정벌을 위해 조직된 군대로 신기군, 신보군, 항마군으로 구성되었다. 윤관은 별무반을
이끌고 여진 정벌을 단행하였다.
　① **별기군**(1881) : 강화도조약(1876) 체결 이후 조직된 신식 군대
　③ **삼별초** : 고려 최씨 무신정권기에 조직된 사병조직으로 이후 대몽항쟁을 이어갔다.
　④ **훈련도감**(1593) : 임진왜란 중 설치한 임시기구였지만 이후 상설기구가 된 군사조직으로 삼수병(포수, 사수, 살수)을
　　중심으로 편제되었다.

10 다음 설명에 해당하는 인물은?

> • 국청사를 창건하여 천태종을 창시하였다.
> • 교단 통합 운동을 펼쳤으며 교관겸수를 제창하였다.

① 요세   ② 의천

③ 지눌   ④ 혜심

11 조선 통신사에 관한 설명으로 옳지 않은 것은?

① 조선 초기부터 정기적으로 중국에 파견되었다.

② 외교 사절로 일본에서는 국빈으로 예우 받았다.

③ 조선의 선진 학문과 기술을 전파하는 역할을 하였다.

④ 도쿠가와 막부의 장군이 바뀔 때 권위를 국제적으로 인정받기 위해 파견을 요청받았다.

>>>>>>>>   **10.② 11.①**

ADVICE

10 제시문의 인물은 대각국사 의천이다. 의천은 천태종을 창시하고 분열된 불교 통합을 위하여 교종을 중심으로 선종 통합을 시도하였다. 또한 불교의 수행 방법으로 교리와 깨달음을 같이 수행할 것을 강조하는 교관겸수를 주장하였다.

① **요세** : 백련결사운동을 주도

③ **지눌** : 수선결사운동을 주도하고, 조계종을 창시하여 교선통합운동 전개. 수행방법으로 돈오점수, 정혜쌍수를 주장

④ **혜심** : 유불일치설 주장

11 조선통신사는 일본에 파견된 외교 사절단으로 조선의 선진 학문과 기술을 전파하였다. 임진왜란 이후에는 도쿠가와 막부에서 적극적으로 요청하여 일본에 파견되었고, 순조(1811) 대까지 일본에 왕래하였다.

12 조선 후기 과학 기술의 발달에 관한 설명으로 옳은 것은?

① 흥덕사에서 직지심체요절을 간행하였다.

② 금속활자로 상정고금예문을 인쇄하였다.

③ 기기도설을 참고하여 거중기를 만들었다.

④ 고구려 천문도를 바탕으로 천상열차분야지도를 돌에 새겼다.

13 조선 중종 대에 관한 설명으로 옳은 것은?

① 현량과를 실시하였다.

② 대전통편을 편찬하였다.

③ 식목도감을 설치하였다.

④ 전민변정도감을 설치하였다.

>>>>>>>> **12.③ 13.①**

12 조선 후기 정조 대 정약용은 거중기를 제작하여 수원 화성을 축조하는데 활용하였다.
① **직지심체요절** : 고려 공민왕(1372) 대에 간행
② **상정고금예문** : 고려 인종(1122~1146) 대 간행
④ **천상열차분야지도 각석** : 조선 태조

13 연산군 대에 2차례에 걸친 사화를 거치며 혼란한 상황에서 집권한 중종은 훈구세력을 견제하고자 사림세력인 조광조를 기용하여 개혁정치를 실시하였다. 조광조는 현량과를 실시하여 사림세력을 중앙 정계에 진출시키고자 하였고, 불교와 도교행사를 폐지하여 유교정치이념을 확립하고자 하였다. 하지만 위훈삭제사건으로 인하여 훈구세력을 반발을 산 조광조는 기묘사화(1519)로 인하여 개혁과제를 완수하지 못하였다.
② **대전통편**(1785) : 조선 정조 대 편찬
③ **식목도감** : 고려 성종 대 설치한 귀족 합의 기구로 대내적 격식 관장
④ **전민변정도감** : 고려 공민왕의 개혁정치를 주도한 기구

14 (   )에 해당하는 인물은?

> (   )는/은 서양의 여러 나라를 돌아보면서 듣고 본 역사, 지리, 산업, 정치, 풍속 등을 기록한 〈서유견문〉을 저술하였다. 국한문 혼용체를 사용하였으며 1895년에 간행되었다.

① 김옥균

② 박영효

③ 유길준

④ 윤치호

15 다음 사건을 발생한 순서대로 올바르게 나열한 것은?

> ㉠ 3 · 1 운동　　　　　　　　　㉡ 105인 사건
> ㉢ 6 · 10 만세 운동　　　　　　　㉣ 만보산 사건

① ㉠ → ㉡ → ㉣ → ㉢

② ㉠ → ㉢ → ㉡ → ㉣

③ ㉡ → ㉠ → ㉢ → ㉣

④ ㉡ → ㉣ → ㉠ → ㉢

>>>>>>>>　14.③　15.③

ADVICE

14　〈서유견문〉은 유길준이 저술(1895)한 것으로 서구의 근대 모습을 보고 조선의 근대화를 위한 방법이 무엇인지 알리기 위하여 간행되었으며 국한문 혼용체로 서술하였다.

15　㉡ 105인 사건(1911) : 일제가 데라우치 총독 암살모의 사건을 조작하여 이후 신민회 해산의 계기가 된 사건

　㉠ 3 · 1 운동(1919) : 전 민족적 독립운동

　㉢ 6 · 10 만세 운동(1926) : 순종 인산일을 기점으로 일제의 식민통치에 저항한 민족 운동

　㉣ 만보산 사건(1931) : 만주로 이주한 조선인과 중국인 농민 사이의 충돌로 만주사변의 계기가 된 사건

16 자연관광자원의 특성이 아닌 것은?

① 비이동성　　　　　　　　　② 변동성

③ 계절성　　　　　　　　　　④ 저장가능성

17 관광자원의 분류 중 상업관광자원에 해당하는 것을 모두 고른 것은?

<table>
<tr><td>㉠ 민속촌</td><td>㉡ 박물관</td></tr>
<tr><td>㉢ 오일장</td><td>㉣ 광장시장</td></tr>
</table>

① ㉠, ㉡　　　　　　　　　② ㉠, ㉢

③ ㉡, ㉢　　　　　　　　　④ ㉢, ㉣

>>>>>>>> 16.④　17.④

ADVICE

16 자연관광자원의 특성
- ㉠ 비이동성
- ㉡ 계절성
- ㉢ 다양성
- ㉣ 변동성
- ㉤ 소비자의 참여로 생산이 이루어짐
- ㉥ 저장이 불가능함
- ㉦ 비소모성
- ㉧ 공공재적 성격이 강함
- ㉨ 생산 및 소비량으로 환산하기 어려움

17 ㉠㉡ 박물관, 민속촌은 공통된 생활양식 중 유형적 자원인 문화적 관광자원이다.

18 단오의 세시풍속과 관련이 없는 것은?

① 창포물에 머리감기　　　　② 쥐불놀이

③ 대추나무 시집보내기　　　　④ 그네뛰기와 씨름

19 소재지와 동굴의 연결이 옳은 것은?

① 경북 안동 – 성류굴　　　　② 강원 삼척 – 고씨굴

③ 전북 익산 – 천호동굴　　　　④ 충북 단양 – 초당굴

20 동굴이나 관광안내소에 인력이 고정배치되어 해설서비스를 제공하는 기법은?

① 이동식 해설　　　　② 정지식 해설

③ 길잡이식 해설　　　　④ 매체이용 해설

>>>>>>>>> 18.② 19.③ 20.②

ADVICE

18 ② 쥐불놀이는 한

19 ① 경북 울진 – 성류굴
② 강원 영월 – 고씨굴
④ 강원 삼척 – 초당굴국의 전통민속놀이로 정월 대보름 전날에 논둑이나 밭둑에 불을 지르고 돌아다니며 노는 놀이다.

20 ① 넓은 지역을 돌아다니며 해설 서비스를 제공하거나 박물관에서 이동하며 전시물에 관한 해설을 제공하는 것
③ 해설자의 도움이 없는 상태에서 독자적으로 관람대상을 추적하면 서 제시된 안내문에 따라 그 내용을 이해하게 해주는 것
④ 여러 매체들을 이용하여 해설해주는 것

21 유네스코 세계유산으로 등재된 것이 아닌 것은?

① 한국의 갯벌　　　　　　　　　　② 가야고분군
③ 창녕 우포늪　　　　　　　　　　④ 하회마을과 양동마을

22 경주 불국사 다보탑에 관한 설명으로 옳지 않은 것은?

① 국보로 지정되어 있다.
② 2단의 기단 위에 세운 3층탑이다.
③ 통일 신라 시대에 조성되었다.
④ 4각, 8각, 원 등으로 탑을 구성하였다.

〉〉〉〉〉〉〉〉　21.③　22.②

ADVICE

21 한국의 유네스코 세계유산
　　㉠ 석굴암, 불국사
　　㉡ 해인사 장경판전
　　㉢ 종묘
　　㉣ 창덕궁
　　㉤ 화성
　　㉥ 경주역사유적지구
　　㉦ 고창, 화순, 강화 고인돌 유적
　　㉧ 제주화산섬과 용암동굴
　　㉨ 조선왕릉
　　㉩ 한국의 역사마을 : 하회와 양동
　　㉪ 남한산성
　　㉫ 백제역사유적지구
　　㉬ 산사, 한국의 산지승원
　　㉭ 한국의 서원
　　㉮ 한국의 갯벌
　　㉯ 가야고분군

22 ② 석가탑은 2단의 기단 위에 세운 3층탑이다. 다보탑은 그 층수를 헤아리기가 어렵다.

23 다음 설명에 모두 해당하는 것은?

> • 국가무형유산으로 지정되어 있음
> • 유네스코 무형문화유산에 등재되어 있음
> • 49재의 한 형태로 불교 의식임

① 영산재   ② 처용무

③ 연등회   ④ 석전대제

>>>>>>>> 23.①

23 ① 영산재는 49재(사람이 죽은지 49일째 되는 날에 지내는 제사)의 한 형태로, 영혼이 불교를 믿고 의지함으로써 극락왕생하게 하는 의식이다. 석가가 영취산에서 행한 설법회상인 영산회상을 오늘날에 재현한다는 상징적인 의미를 지니고 있다.

② 궁중 무용의 하나로서 오늘날에는 무대에서 공연하지만, 본디 궁중 연례에서 악귀를 몰아내고 평온을 기원하거나 음력 섣달그믐날 악귀를 쫓는 의식인 나례에서 복을 구하며 춘 춤이었다.

③ 팔관회와 함께 전국적 규모로 설행된 대표적 국행 불교 행사로, 정월 대보름에 불을 켜고 부처에게 복을 비는 불교 행사이다.

④ 문묘에서 공자를 비롯한 선성선현에게 제사지내는 의식이다. 1986년 11월 1일 대한민국의 국가무형유산으로 지정되었다.

24 다음 설명에 모두 해당하는 것은?

> • 유네스코 세계기록유산에 등재되어 있음
> • 왕의 입장에서 일기 형태로 기록되어 있음
> • 한 나라의 역사기록물을 넘어 세계사 관점으로도 가치를 인정받음

① 일성록   ② 조선왕조 의궤
③ 동국정운   ④ 조선왕실 어보와 어책

〉〉〉〉〉〉〉〉 **24.①**

ADVICE

24 ① 1760년부터 1910년까지 국왕의 동정과 국정에 관한 제반 사항을 수록한 정무 일지이다. 필사본 총 2,329책으로 1973년 국보로 지정되었다. 정조 자신이 반성하는 자료로 활용하기 위해 작성하기 시작했다. 1783년(정조 7)부터 국왕의 개인 일기에서 공식적인 국정 일기로 전환되었다. 이 책에는 신하들의 소차, 임금의 윤음, 일반 정사 등의 내용이 들어 있다. 정부 편찬 서적, 죄수 심리, 진휼 등에 대한 내용도 있다. 이 책은 임금이 국정을 파악하는 데 중요한 구실을 하였으며 실록 편찬에도 이용되었다. 2010년 세계기록유산으로 등재되었다.
② 조선 왕실 행사의 준비 및 시행, 사후 처리 과정에 대한 기록이다. 조선 전기 의궤는 임진왜란 때 모두 일실되었고, 현전하는 「조선왕조의궤」는 1601년(선조 34)부터 1942년 사이에 제작되었다. 현재 약 4,000책의 의궤가 전하며, 이 가운데 보물로 지정된 의궤는 1,757건 2,751책이다.
③ 1448년 신숙주·최항·박팽년 등이 간행한 우리나라 최초의 표준음에 관한 운서이다. 우리나라에서 최초로 한자음을 우리의 음으로 표기하였다는 점에서 큰 의미가 있으며, 국어사 연구 및 한자음의 음운체계 연구에 매우 중요한 자료이다. 또한 인쇄사에서 초기 활자 인쇄의 면모를 확인할 수 있는 좋은 자료이다.
④ 당시의 정치, 문화 전반을 이해할 수 있게 해주는 종합적인 기록물로써 2017년 유네스코 세계기록유산으로 등재되었다.

25 다음 설명에 모두 해당하는 것은?

> • 유네스코 세계유산에 등재되어 있음
> • 조선의 궁궐 중 가장 오랜 기간 임금의 거처로 사용되었음
> • 인정전, 선정전, 부용지 등이 있음

① 창경궁   ② 경복궁

③ 덕수궁   ④ 창덕궁

>>>>>>>>   25.④

ADVICE

25 ④ 창덕궁은 조선왕조 제3대 태종 5년(1405) 경복궁의 이궁으로 지어진 궁궐이며 창건시 창덕궁의 정전인 인정전, 편전인 선정전, 침전인 희정당, 대조전 등 중요 전각이 완성되었다. 그 뒤 태종 12년(1412)에는 돈화문이 건립 되었고 세조 9년(1463)에는 약 6만 2천평이던 후원을 넓혀 15만여 평의 규모로 궁의 경역을 크게 확장하였다. 1610년 광해군때 정궁으로 사용한 후부터 1868년 고종이 경복궁을 중건할 때까지 258년 동안 역대 제왕이 정사를 보살펴 온 법궁이었다.

① 조선 성종(1483년) 때에 건축하였다. 창경궁은 서쪽으로 창덕궁과 붙어 남쪽으로 종묘와 통하는 곳에 자리하고 있다.

② 조선전기에 창건되어 정궁으로 이용된 궁궐이다. 조선왕조의 건립에 따라 창건되어 초기에 정궁으로 사용되었으나 임진왜란 때 전소된 후 오랫동안 폐허로 남아 있다가 조선 말기 고종 때 중건되어 잠시 궁궐로 이용되었다.

③ 조선시대를 통틀어 크게 두 차례 궁궐로 사용되었다. 덕수궁이 처음 궁궐로 사용 된 것은 임진왜란 때 피난 갔다 돌아온 선조가 머물 궁궐이 마땅치 않아 월산대군의 집이었던 이곳을 임시 궁궐(정릉동 행궁)로 삼으면서부터이다. 이후 광해군이 창덕궁으로 옮겨가면서 정릉동 행궁에 새 이름을 붙여 경운궁이라고 불렀다. 경운궁이 다시 궁궐로 사용 된 것은 조선 말기 러시아 공사관에 있던 고종이 이곳으로 옮겨 오면서부터이다.

26 관광기본법상 정부의 의무에 관한 설명으로 옳은 것을 모두 고른 것은?

> ㉠ 정부는 매년 관광진흥에 관한 시책과 동향에 대한 보고서를 정기국회가 시작하기 전 30일 이내에 국회에 제출하여야 한다.
> ㉡ 정부는 외국 관광객의 유치를 촉진하기 위하여 해외 홍보를 강화하고 출입국 절차를 개선하며 그 밖에 필요한 시책을 강구하여야 한다.
> ㉢ 정부는 관광자원을 보호하고 개발하는 데에 필요한 시책을 강구하여야 한다.
> ㉣ 정부는 관광사업을 육성하기 위하여 관광사업을 지도·감독하고 그 밖에 필요한 시책을 강구하여야 한다.

① ㉠, ㉡
② ㉠, ㉢, ㉣
③ ㉡, ㉢, ㉣
④ ㉠, ㉡, ㉢, ㉣

27 국제회의산업 육성에 관한 법률상 용어의 정의로 옳지 않은 것은?

① "국제회의"란 상당수의 외국인이 참가하는 회의로서 문화체육관광부령으로 정하는 종류와 규모에 해당하는 것을 말한다.
② "국제회의산업"이란 국제회의의 유치와 개최에 필요한 국제회의시설, 서비스 등과 관련된 산업을 말한다.
③ "국제회의산업 육성기반"이란 국제회의시설, 국제회의 전문인력, 전자국제회의체제, 국제회의 정보 등 국제회의의 유치·개최를 지원하고 촉진하는 시설, 인력, 체제, 정보 등을 말한다.
④ "국제회의 전담조직"이란 국제회의산업의 진흥을 위하여 각종 사업을 수행하는 조직을 말한다.

>>>>>>>> **26.**③ **27.**①

ADVICE

26 ㉠ 정부는 매년 관광진흥에 관한 시책과 동향에 대한 보고서를 정기국회가 시작하기 전까지 국회에 제출하여야 한다〈「관광기본법」 제4조〉.

27 ① "국제회의"란 상당수의 외국인이 참가하는 회의(세미나·토론회·전시회·기업회의 등을 포함한다)로서 대통령령으로 정하는 종류와 규모에 해당하는 것을 말한다.

28 관광진흥개발기금법상 (   )에 들어갈 수 있는 내용으로 옳지 않은 것은?

> 국내 공항을 통하여 출국하는 공항통과 여객으로서 (   )에 해당되어 보세구역을 벗어난 후 출국하는 여객은 1만원의 범위에서 대통령령으로 정하는 금액을 관광진흥개발기금에 납부하지 않아도 된다.

① 항공기 탑승이 불가능하여 어쩔 수 없이 당일이나 그 다음 날 출국하는 경우
② 공항이 폐쇄되거나 기상이 악화되어 항공기의 출발이 지연되는 경우
③ 항공기의 고장·납치, 긴급환자 발생 등 부득이한 사유로 항공기가 불시착한 경우
④ 관광을 목적으로 보세구역을 벗어난 후 24시간이 지나 다시 보세구역으로 들어오는 경우

29 관광진흥법령상 관광 편의시설업의 종류에 해당하지 않는 것은?

① 관광유흥음식점업   ② 종합휴양업
③ 관광순환버스업   ④ 외국인전용 유흥음식점업

>>>>>>>>> 28.④ 29.②

ADVICE

28 공항통과 여객으로서 다음의 어느 하나에 해당되어 보세구역을 벗어난 후 출국하는 여객은 1만 원의 범위에서 대통령령으로 정하는 금액을 관광진흥개발기금에 납부하지 않아도 된다.〈「관광진흥개발기금법 시행령」 제1조의2 제1항 제7호〉
　㉠ 항공기 탑승이 불가능하여 어쩔 수 없이 당일이나 그 다음 날 출국하는 경우
　㉡ 공항이 폐쇄되거나 기상이 악화되어 항공기의 출발이 지연되는 경우
　㉢ 항공기의 고장·납치, 긴급환자 발생 등 부득이한 사유로 항공기가 불시착한 경우
　㉣ 관광을 목적으로 보세구역을 벗어난 후 24시간 이내에 다시 보세구역으로 들어오는 경우

29 관광 편의시설의 종류〈「관광진흥법 시행령」 제2조 제1항 제6호〉
　㉠ 관광유흥음식점업
　㉡ 관광극장유흥업
　㉢ 외국인전용 유흥음식점업
　㉣ 관광식당업
　㉤ 관광순환버스업
　㉥ 관광사진업
　㉦ 여객자동차터미널시설업
　㉧ 관광펜션업
　㉨ 관광궤도업
　㉩ 관광면세업
　㉪ 관광지원서비스업

30 관광진흥법령상 허가대상인 관광사업은?

① 여행업
② 카지노업
③ 관광숙박업
④ 국제회의기획업

31 관광진흥법령상 테마파크업의 허가 요건인 시설과 설비를 3년 이내에 갖출 것을 조건으로 하여 허가를 받은 자가 천재지변으로 그 기간의 연장을 신청한 경우에 연장될 수 있는 최대 기간은? (기출변형)

① 1년
② 2년
③ 2년 6개월
④ 3년

32 관광진흥법령상 한국관광 품질인증을 받을 수 있는 사업은?(단, 문화체육관광부장관이 정하여 고시하는 사업이 아님)

① 종합휴양업
② 자동차야영장업
③ 관광공연장업
④ 관광펜션업

>>>>>>>> 30.② 31.① 32.②

ADVICE

30 ② 카지노업을 경영하려는 자는 전용영업장 등 문화체육관광부령으로 정하는 시설과 기구를 갖추어 문화체육관광부장관의 허가를 받아야 한다〈「관광진흥법」 제5조 제1항〉.

31 ① 특별자치시장·특별자치도지사·시장·군수·구청장은 테마파크업 허가를 할 때 5년의 범위에서 대통령령으로 정하는 기간에 법에 따른 시설 및 설비를 갖출 것을 조건으로 허가할 수 있다. 다만, 천재지변이나 그 밖의 부득이한 사유가 있다고 인정하는 경우에는 해당 사업자의 신청에 따라 한 차례만 1년을 넘지 아니하는 범위에서 그 기간을 연장할 수 있다.〈「관광진흥법」 제31조 제1항〉

32 한국관광 품질인증의 대상〈「관광진흥법 시행령」 제41조의11〉
　　㉠ 야영장업
　　㉡ 외국인관광 도시민박업
　　㉢ 한옥체험업
　　㉣ 관광식당업
　　㉤ 관광면세업
　　㉥ 「공중위생관리법」에 따른 숙박업
　　㉦ 「외국인관광객 등에 대한 부가가치세 및 개별소비세 특례규정」에 따른 외국인관광객면세판매장
　　㉧ 그 밖에 관광사업 및 이와 밀접한 관련이 있는 사업으로서 문화체육부장관이 정하여 고시하는 사업

33 관광진흥법령상 업종별 관광협회에 위탁된 권한을 모두 고른 것은?

> ㉠ 관광식당업의 지정 및 지정취소에 관한 권한
> ㉡ 국외여행 인솔자의 등록 및 자격증 발급에 관한 권한
> ㉢ 안전관리자의 안전교육에 관한 권한

① ㉠, ㉡
② ㉠, ㉢
③ ㉡, ㉢
④ ㉠, ㉡, ㉢

34 관광진흥법령상 테마파크시설로 인하여 사고가 발생한 경우에 테마파크업자가 즉시 사용중지 등 필요한 조치를 취하고 관할 지방자치단체장에게 '테마파크시설에 의한 중대한 사고의 통보'를 하여야 하는 경우에 해당하지 않는 것은? (기출변형)

① 사망자 1명이 발생한 경우
② 신체기능 일부가 심각하게 손상된 중상자 1명이 발생한 경우
③ 테마파크시설의 운행이 45분간 중단되어 인명 구조가 이루어진 경우
④ 사고 발생일부터 3일 이내에 실시된 의사의 최초 진단결과 1주의 입원 치료가 필요한 부상자 2명과 3주의 입원 치료가 필요한 부상자 2명이 동시에 발생한 경우

>>>>>>>> **33.③ 34.④**

ADVICE

33 ① 지역별 관광협회에 위탁된 권한이다.

    ※ 업종별 관광협회에 위탁된 권한
- ㉠ 국외여행 인솔자의 등록 및 자격증 발급에 관한 권한
- ㉡ 테마파크시설의 안전성검사 및 안전성검사 대상에 해당되지 아니함을 확인하는 검사에 관한 권한
- ㉢ 안전관리자의 안전교육에 관한 권한

34 테마파크시설 등에 의한 중대한 사고〈「관광진흥법 시행령」 제31조의2 제1항〉
- ㉠ 사망자가 발생한 경우
- ㉡ 의식불명 또는 신체기능 일부가 심각하게 손상된 중상자가 발생한 경우
- ㉢ 사고 발생일부터 3일 이내에 실시된 의사의 최초 진단결과 2주 이상의 입원 치료가 필요한 부상자가 동시에 3명 이상 발생한 경우
- ㉣ 사고 발생일부터 3일 이내에 실시된 의사의 최초 진단결과 1주 이상의 입원 치료가 필요한 부상자가 동시에 5명 이상 발생한 경우
- ㉤ 테마파크시설의 운행이 30분 이상 중단되어 인명 구조가 이루어진 경우

35 관광진흥법상 여행업자의 행위 중 여행업 등록의 취소사유에 해당하는 경우가 아닌 것은?

① 고의로 여행계약을 위반한 경우

② 여행자의 사전 동의 없이 선택관광 일정을 변경하는 경우

③ 관광표지에 기재되는 내용을 사실과 다르게 광고하는 행위를 한 경우

④ 국외여행 인솔자 등록을 하지 아니한 사람에게 국외여행을 인솔하게 한 경우

〉〉〉〉〉〉〉〉 35.④

ADVICE

35 등록취소〈「관광진흥법」 제35조 제1항〉
　㉠ 등록기준에 적합하지 아니하게 된 경우 또는 변경등록기간 내에 변경등록을 하지 아니하거나 등록한 영업범위를 벗어난 경우
　㉡ 문화체육관광부령으로 정하는 시설과 설비를 갖추지 아니하게 되는 경우
　㉢ 변경허가를 받지 아니하거나 변경신고를 하지 아니한 경우
　㉣ 지정 기준에 적합하지 아니하게 된 경우
　㉤ 기한 내에 신고를 하지 아니한 경우
　㉥ 법을 위반하여 휴업 또는 폐업을 하고 알리지 아니하거나 미리 신고하지 아니한 경우
　㉦ 보험 또는 공제에 가입하지 아니하거나 영업보증금을 예치하지 아니한 경우
　㉧ 법을 위반하여 사실과 다르게 관광표지를 붙이거나 관광표지에 기재되는 내용을 사실과 다르게 표시 또는 광고하는 행위를 한 경우
　㉨ 법을 위반하여 관광사업의 시설을 타인에게 처분하거나 타인에게 경영하도록 한 경우
　㉩ 법에 따른 기획여행의 실시요건 또는 실시방법을 위반하여 기획여행을 실시한 경우
　㉪ 법을 위반하여 안전정보 또는 변경된 안전정보를 제공하지 아니하거나, 여행계약서 및 보험 가입 등을 증명할 수 있는 서류를 여행자에게 내주지 아니한 경우 또는 여행자의 사전 동의 없이 여행일정(선택관광 일정을 포함한다)을 변경하는 경우
　㉫ 법에 따라 사업계획의 승인을 얻은 자가 정당한 사유 없이 대통령령으로 정하는 기간 내에 착공 또는 준공을 하지 아니하거나 같은 조를 위반하여 변경승인을 얻지 아니하고 사업계획을 임의로 변경한 경우
　㉬ 법에 따른 준수사항을 위반한 경우
　㉭ 법 단서를 위반하여 등급결정을 신청하지 아니한 경우
　㉮ 법을 위반하여 분양 또는 회원모집을 하거나 같은 법에 따른 소유자등·회원의 권익을 보호하기 위한 사항을 준수하지 아니한 경우
　㉯ 법에 따른 준수사항을 위반한 경우
　㉰ 법에 따른 카지노업의 허가 요건에 적합하지 아니하게 된 경우
　㉱ 법을 위반하여 카지노 시설 및 기구에 관한 유지·관리를 소홀히 한 경우
　㉲ 법에 따른 준수사항을 위반한 경우
　㉳ 법을 위반하여 관광진흥개발기금을 납부하지 아니한 경우
　㉴ 법에 따른 물놀이형 테마파크시설의 안전·위생기준을 지키지 아니한 경우
　㉵ 법에 따른 테마파크시설에 대한 안전성검사 및 안전성검사 대상에 해당되지 아니함을 확인하는 검사를 받지 아니하거나 같은 법에 따른 안전관리자를 배치하지 아니한 경우
　㉶ 법에 따른 영업질서 유지를 위한 준수사항을 지키지 아니하거나 같은 법을 위반하여 불법으로 제조한 부분품을 설치하거나 사용한 경우
　㉷ 법 단서를 위반하여 해당 자격이 없는 자를 종사하게 한 경우
　㉸ 법에 따른 보고 또는 서류제출명령을 이행하지 아니하거나 관계 공무원의 검사를 방해한 경우
　㉹ 관광사업의 경영 또는 사업계획을 추진할 때 뇌물을 주고받은 경우
　㉺ 고의로 여행계약을 위반한 경우(여행업자만 해당한다)

36 카지노업의 효과가 아닌 것은?

① 고용창출

② 세수감소

③ 외화획득

④ 호텔수입 증대

37 다음 설명에 해당하는 것은?

> • 국가단위로 참가하고 BIE가 공인한 행사
> • 5년 마다 6주~6개월간 개최

① 세계(등록) 박람회

② 콩그레스

③ 전시회

④ 비엔날레

>>>>>>>> 36.② 37.①

ADVICE

36 카지노업의 효과로는 관광객 유치를 통한 관광수입 증대, 고용창출, 세수 증대가 있다.

② 관광진흥개발기금 납부 등으로 세수는 증대된다.

※ **기금 납부**〈「관광진흥법」 제30조 제1항〉 … 카지노사업자는 총매출액의 100분의 10의 범위에서 일정 비율에 해당하는 금액을 「관광진흥개발기금법」에 따른 관광진흥개발기금에 내야 한다.

37 제시된 내용은 세계 박람회에 대한 설명이다. 2025년에는 일본 오사카, 2030년에는 사우디아라비아 리야드에서 개최된다. 우리나라는 2030년 부산 세계 박람회 유치에 도전했다가 실패한 바 있다.

38 문화관광축제에 관한 설명으로 옳은 것은?

① 전통문화와 독특한 주제를 배경으로 한 지역축제 중 관광상품성이 큰 축제

② 글로벌육성축제 · 대표축제 · 최우수축제 · 유망축제로 구분

③ 한국관광협회중앙회에서 예산을 지원

④ 지방자치단체에서 문화관광축제 현장평가단을 구성 · 운영

39 관광의 역사에서 대중관광(Mass Tourism)의 시대에 관한 설명으로 옳은 것은?

① 귀족과 부유한 평민이 주로 지적 호기심을 충족시키기 위한 형태로 관광이 발전

② 표준화된 패키지여행을 탈피하여 관광의 다양성과 개성을 추구

③ 주로 귀족과 승려 · 기사 등 특수계층에서 종교 및 신앙심을 향상시키려는 목적으로 여행을 실시

④ 조직적인 대규모 관광사업의 시대로, 중산층 및 서민대중을 포함한 폭넓은 계층에서 이루어지는 관광

>>>>>>>> **38.① 39.④**

ADVICE

38 **문화관광축제** … 지역문화에 바탕을 둔 다양한 축제 중 문화체육관광부가 지정한 관광 상품성이 높은 큰 축제를 말한다. 문화체육관광부에서 추진하고 있는 문화관광축제 지원 사업은 「관광진흥법」 제48조의 2(지역축제 등)에 의거하여 지역관광 활성화 및 외국인 관광객 유치 확대를 통한 세계적인 축제 육성을 기본방향으로 하고 있으며, 국내의 전통문화와 독특한 주제를 바탕으로 한 지역축제 중 관광 상품성이 큰 축제를 대상으로 1995년부터 지속적으로 지원 · 육성하고 있다. "지속가능한 축제, 지역에 도움이 되는 축제"를 비전과 목표로 축제 자생력 강화, 축제 산업 생태계 형성, 축제 역량 제고 관점에서 다양한 지원을 하고 있다.

※ **지역축제 등**〈「관광진흥법」 제48조의2〉
 ㉠ 문화체육관광부장관은 지역축제의 체계적 육성 및 활성화를 위하여 지역축제에 대한 실태조사와 평가를 할 수 있다.
 ㉡ 문화체육관광부장관은 지역축제의 통폐합 등을 포함한 그 발전방향에 대하여 지방자치단체의 장에게 의견을 제시하거나 권고할 수 있다.
 ㉢ 문화체육관광부장관은 다양한 지역관광자원을 개발 · 육성하기 위하여 우수한 지역축제를 문화관광축제로 지정하고 지원할 수 있다.
 ㉣ ㉢에 따른 문화관광축제의 지정 기준 및 지원 방법 등에 필요한 사항은 대통령령으로 정한다.

39 대중관광의 시대는 제2차 세계대전 이후부터 1980년대 말에 이르는 조직적 대규모 관광산업의 시대를 말한다.
 ① 17-18세기에 유행했던 그랜드 투어(교양관광)에 대한 설명이다.
 ② Mass Tourism의 폐해에서 벗어나려고 했던 New Tourism에 대한 설명이다. 대중관광은 표준화된 패키지여행을 특징으로 한다.
 ③ 중세 시대 여행에 대한 설명이다.

40 문화체육관광부와 한국관광공사가 선정·발표하는 웰니스 관광지의 테마가 아닌 것은?

① 뷰티·스파

② 의료·헬스

③ 자연·숲치유

④ 힐링·명상

41 관광진흥법령상 한국관광협회중앙회의 업무에 관한 내용으로 옳지 않은 것은?

① 관광 통계

② 관광종사원의 선발

③ 관광안내소의 운영

④ 회원의 공제사업

42 관광상품 수명주기에서 마케팅비용 지출이 증가하여 이익이 정체 또는 감소하기 시작하는 단계는?

① 도입기 ② 성장기
③ 성숙기 ④ 쇠퇴기

>>>>>>>> 42.③

ADVICE

42 관광상품의 수명주기

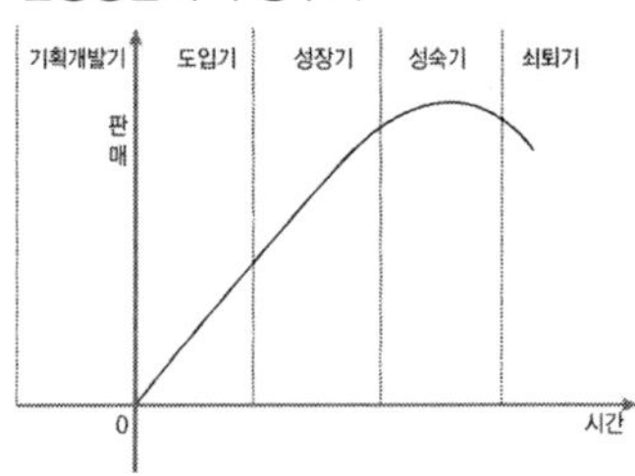

㉠ 기획개발기	• 새로운 상품에 대한 아이디어 창출 • 기업 신설 • 철저한 관광객 욕구와 관광시장 조사분석 • 기업 내 환경조성, 관광상품 개발	
㉡ 도입기	• 관광상품의 관광시장 출시 • 관광시장 개척기, 관광시장 개발기 • 관광상품에 대한 인지도, 수요도 낮음 • 관광상품 설명회, 전시회, 경품 등의 다양한 이벤트 개최 등 적극적인 판매 촉진 필요 • 마케팅 비용 대비 매출 저조 • 수요의 가격탄력성 낮음, 채산성 저조 • 지속적 투자	
㉢ 성장기	• 인지도 증가, 구매수요 증가 • 매출의 급격한 증가 • 다양하고 차별화된 마케팅 전략 필요 • 매출액 증가로 인한 이익 발생 • 경쟁사에 의한 모방상품이나 대체상품의 등장 • 경쟁의 심화에 대한 대비책 필요	
㉣ 성숙기	• 판매수요 증가의 둔화, 완만한 자연증가율 • 포화기로 매출의 안정세 • 새로운 수요의 창출보다는 기존 수요의 이용률 및 구매빈도를 높이는 전략 • 기존상품의 품질개량과 신용도 개척 • 지출 비용에 대한 통제로 비용 절감 • 경쟁의 심화	
㉤ 쇠퇴기	• 판매수요 감소로 인한 매출의 감소 • 새로운 용도 개발, 광고비용의 적정성, 새로운 관광시장의 존재, 약점의 장점화, 부산물의 활용법, 새로운 판매경로의 개척이나 변경 등의 방안 강구 • 관광객의 욕구 변화, 국내외 시장환경의 변화, 시장의 치열한 경쟁 관계 등으로 판매전략이 배제되는 단계 • 단순화, 폐기, 신상품 개발 등 고려	

43 관광경찰의 역할로 옳지 않은 것은?

① 관광객 밀집지역 범죄예방 순찰

② 상습적 · 조직적인 관광 관련 불법행위 단속

③ 관광지 내 기초질서 위반행위 단속

④ 관광객 대상 여행상담 및 예약

44 다음에서 설명하는 호텔로 옳은 것은?

> • Business Hotel이라고도 하며, 주로 도심의 교통중심지에 위치
> • 국제회의나 업무상 여행 및 출장을 목적으로 여행하는 사람들을 위한 호텔

① Residential Hotel

② Suburban Hotel

③ Commercial Hotel

④ Apartment Hotel

>>>>>>>> 43.④ 44.③

ADVICE

43 ④ 여행사의 역할이다.

　※ 관광경찰의 역할
　　㉠ 관광객 밀집지역 범죄예방 순찰
　　㉡ 상습적 · 조직적인 관광 관련 불법행위 단속
　　㉢ 관광지 내 기초질서 위반행위 단속
　　㉣ 외국인 관광객 대상 지리 안내, 불편사항 해소 등 치안 서비스 제공

44 제시된 내용은 Commercial Hotel에 대한 설명이다.
　① Residential Hotel : 일주일 이상 체류객을 대상으로 하는 호텔
　③ Suburban Hotel : 도시에서 떨어져 있는 호텔
　④ Apartment Hotel : 중장기 체류자에게 객실을 빌려주는 호텔

45 관광시장세분화 기준변수 중 지리적 변수가 아닌 것은?

① 지역

② 기후

③ 도시규모

④ 사회계층

46 관광의 체계에서 관광객체에 해당하는 것은?

① 관광자원

② 관광정보

③ 관광객

④ 항공사

47 다음 설명에 해당하는 것은?

> 호텔, 컨벤션센터 등 MICE 전문시설은 아니지만, 해당 지역에서만 느낄 수 있는 독특한 매력을 가진 행사 개최 장소 및 시설

① 유니크 베뉴

② 컨벤션 시티

③ 스마트 관광도시

④ 메세(messe)

〉〉〉〉〉〉〉〉 45.④ 46.① 47.①

ADVICE

45 관광시장세분화의 기준변수 중 지리적 변수에는 지역, 기후, 도시 규모, 교통 등이 있다.
④ 사회계층은 인구통계학적 변수에 해당한다.

46 관광의 체계
ⓐ 관광주체 : 관광객
ⓑ 관광객체 : 관광자원
ⓒ 관광매체 : 관광주체와 관광객체를 연결하는 대상
• 시간적 매체 : 숙박시설 등
• 공간적 매체 : 교통수단, 도로 · 항만 · 공항 등
• 기능적 매체 : 여행업, 교통업(철도사, 항공사 등), 공공기관

47 유니크 베뉴는 MICE 행사 개최도시의 고유한 컨셉이나 그곳에만 느낄 수 있는 독특한 매력을 느낄 수 있는 장소라는 뜻으로 통용되며, MICE 전문시설(컨벤션 센터, 호텔)은 아니지만 MICE 행사를 개최하는 장소를 통칭한다.
② 회의나 세미나 등 각종 컨벤션을 통해 지역 활성화를 추구하는 도시
③ 도시 곳곳에서 데이터 수집 · 분석 등 스마트 도시의 기능을 관광객이 함께 누릴 수 있는 도시
④ 독일 헤센주 프랑크푸르트암마인에 있는 박람회장. 독일의 주요 도시에 있는 거대 박람회장을 통칭하기도 한다.

48 관광진흥법령상 국내외를 여행하는 내국인만을 대상으로 하는 여행업은?

① 종합여행업

② 일반여행업

③ 국외여행업

④ 국내외여행업

49 국제기구의 약자가 올바르게 짝지어진 것을 모두 고른 것은?

> ㉠ 아시아 · 태평양관광협회 – PATA
> ㉡ 호주여행업협회 – ASTA
> ㉢ 국제민간항공기구 – ICAO
> ㉣ 세계관광협회 – UIA

① ㉠, ㉡   ② ㉠, ㉢

③ ㉡, ㉢   ④ ㉢, ㉣

50 다음에서 설명하는 관광은?

> • 관광객의 개성을 살리고 체험과 활동을 지향하는 관광
> • 특정 주제와 관심분야 위주로 하는 관광

① Social Tourism

② Barrier-free Tourism

③ Special Interest Tourism

④ City Tour

〉〉〉〉〉〉〉〉 **50.**③

50 제시된 내용은 특수목적관광인 Special Interest Tourism에 대한 설명이다.
　① 국가 및 지방자치단체가 여행을 지원하는 서비스 활동
　② 장애인, 고령자 등 여행에 있어 제약이 있는 사람들을 위한 장벽이 없는 관광
　④ 도시관광

2024년 기출문제분석

1 국사

1 주먹도끼가 처음 만들어진 시대의 생활 모습으로 옳은 것은?

① 고인돌을 만들었다.
② 비파형 동검을 제작하였다.
③ 주로 동굴이나 막집에서 살았다.
④ 무천이라는 제천 행사를 열었다.

2 ( )에 들어갈 교육 기관으로 옳은 것은?

> [고구려] 사람들은 배우기를 좋아하여 가난한 마을이나 미천한 집안에 이르기까지 서로 힘써 배우므로, 길거리마다 큼지막한 집을 짓고 ( )(이)라고 부른다. 결혼하지 않은 자제들이 무리지어 머물면서 경전을 암송하고 활쏘기를 익히게 한다.
>
> —「신당서」—

① 경당
② 서원
③ 향교
④ 국자감

>>>>>>>>> 1.③ 2.①

1 주먹도끼는 아슐리안형 뗀석기로 연천 전곡리에서 발견된 구석기 시대 유물이다. 구석기 시대에는 수렵과 채집, 어로 생활을 하였으며, 무리지어 이동하면서 동굴이나 막집에 거주하였다.
①② 청동기
④ 동예

2 ② 서원 : 조선 중기 지방 사림을 중심으로 설립한 교육기관으로 백운동 서원이 최초의 서원이다.
③ 향교 : 조선 시대 중등 교육기관
④ 국자감 : 고려시대 최고 교육기관

3 다음 자료에서 설명하는 국가에 관한 설명으로 옳은 것은?

> • 철이 풍부하게 생산되었다.
> • 고구려의 공격을 받아 세력이 약화되었다.
> • 낙랑과 왜를 연결하는 중계 무역이 발달하였다.

① 5부족 연맹을 토대로 발전하였다.

② 골품제에 따른 신분 차별이 엄격하였다.

③ 정사암에 모여 국가의 중대사를 결정하였다.

④ 김수로왕의 건국 이야기가 삼국유사에 전해진다.

4 (가) 국가에 관한 설명으로 옳지 않은 것은?

> (가) 은/는 일본에 보낸 국서에 고려 또는 고려 국왕이라는 명칭을 사용하였고, 고구려 문화를 계승하였으며, 당의 문화도 수용하여 독자적인 문화를 이룩하였다.

① 대조영이 동모산 근처에서 건국하였다.

② 특수 행정 구역인 향·부곡·소가 있었다.

③ 전국을 5경 15부 62주로 나누어 다스렸다.

④ 인안, 대흥 등의 독자적 연호를 사용하였다.

>>>>>>>> **3.**④ **4.**②

ADVICE

3 제시문은 금관가야에 관한 설명이다. 가야는 6가야 연맹으로 구성된 연맹왕국으로 초기에는 금관가야가 전기 가야연맹의 중심이었다. 하지만 광개토대왕 대 고구려의 공격으로 세력이 약화되어 후기 가야연맹은 고령의 대가야가 중심이 되었다. 한반도 남부지역의 지리적 이점을 토대로 낙랑과 왜를 연결하는 중계무역의 요충지였으며, 풍부한 철의 생산으로 철기문화가 발달하였다.
① 고구려 ② 신라 ③ 백제

4 제시문의 (가) 국가는 발해다. 발해는 고구려 유장 출신인 대조영이 지린성 동모산 일대를 중심으로 건국하였다. 일본에 보낸 국서에 고려 또는 고려 국왕이라는 명칭을 사용하여 고구려 계승의식을 분명히 했으며, 동아시아 패권 국가인 당나라와 초기에는 대립하였지만 이후 당과의 교류를 통해 문화를 수용하면서도 독자적인 문화를 확립하였다.
③ 선왕 대에는 전국을 5경 15부 62주로 나누어 지방 통치 체제를 확립하였다.
④ 무왕 대에는 인안, 문왕 대에는 대흥 등의 독자적 연호를 사용하였다.
② 신라

5 (가) 왕이 실시한 정책으로 옳지 않은 것은?

> • 신라왕 김부가 귀순해 오자, (가) 은/는 신라를 없애 경주로 삼고 김부를 경주의 사심관으로 삼아 부호장 이하 관직들에 대한 일을 맡게 하였다.
> • (가) 이/가 내전에 나아가 대광 박술희를 불러 친히 훈요[훈요 10조]를 내렸다.
>
> 　　　　　　　　　　　　　　　　　　　　　　　　　　　　　　　　　－「고려사」 －

① 역분전 지급　　　　　　　　　　　② 기인 제도 실시

③ 발해 유민 포용　　　　　　　　　　④ 12목에 지방관 파견

6 병자호란의 영향으로 옳지 않은 것은?

① 북벌론 대두

② 삼전도비 설치

③ 훈련도감 설치

④ 연행사 파견

>>>>>>>> **5.④　6.③**

ADVICE

5 제시문의 (가)는 고려 태조 왕건이다. 918년 왕건은 궁예를 축출하고 국호를 고려로 하였고, 이후 후백제와 신라를 통합하여 후삼국을 통일하였다(936). 통일 이후 민생안정을 위하여 취민유도 정책을 시행하고 빈민구제 기구인 흑창을 설치하였다. 또한 지방호족을 통합하기 위하여 정략결혼, 사성정책, 기인제도, 사심관제도를 시행하고 역분전을 지급하였으며, 대외적으로는 북진정책을 추진하였다. 한편 후대의 왕들에게 남기는 글로 〈훈요 10조〉를 저술하고, 관리들이 지켜야 할 규범을 제시하는 〈계백료서〉, 〈정계〉를 저술하였다.
① 역분전 : 고려 건국 및 후삼국 통일에 기여한 공로에 따라 관리들에게 차등 지급한 토지
② 기인제도 : 호족을 견제하기 위하여 그들의 자제를 수도에 보내게 하는 일종의 인질제도
③ 발해 유민 포용 : 고구려 계승을 표방한 왕건은 발해 유민을 포용
④ 고려 성종

6 병자호란(1636)은 청 태종이 대군을 이끌고 조선에 침략한 사건으로 남한산성으로 피신했던 조선의 인조가 삼전도의 굴욕을 겪으며 청에게 항복하였다(삼전도비 설치). 이후 청과 군신관계를 체결하고 사절단인 연행사를 파견하는 등 교류관계도 맺었다. 한편 소현세자와 봉림대군은 청에 볼모로 끌려갔으며 이후 왕위에 오른 봉림대군(효종) 대에는 청나라를 정벌하고자 북벌운동을 추진하였다.
③ 임진왜란 직후 군사조직 강화의 필요성에 따라 포수, 사수, 살수병으로 구성된 훈련도감을 창설하였다.(선조)

7 다음 자료의 공통점에 관한 설명으로 옳은 것만을 〈보기〉에서 고른 것은?

> • 삼국유사
> • 제왕운기

〈보기〉

㉠ 민족적 자주 의식이 반영되었다.
㉡ 단군의 고조선 건국 이야기가 실려 있다.
㉢ 국왕의 명령을 받아 기전체로 편찬되었다.
㉣ 불교사를 중심으로 고대의 설화를 수록하였다.

① ㉠, ㉡   ② ㉠, ㉢
③ ㉡, ㉢   ④ ㉡, ㉣

8 조선시대 서원에 관한 설명으로 옳지 않은 것은?

① 백운동서원이 시초이며 명종 대 소수서원이라는 사액을 받았다.
② 붕당의 근거지가 되어 분쟁을 유발하기도 했다.
③ 명망 있는 유학자를 받들고 성리학을 학습하는 사립 교육 기관이었다.
④ 지방관과 서민 자제에 대한 교육을 담당했다.

>>>>>>>> **7.① 8.④**

7 〈삼국유사〉는 일연이 저술하였고, 〈제왕운기〉는 이승휴가 저술한 역사서로 이들 모두 고려 후기의 역사서이다. 이들 저서는 모두 우리 역사의 시작인 단군 고조선 역사를 서술하면서 자주적인 민족문화 의식을 고취시키는 역할을 하였다.
㉢ 삼국사기
㉣ 삼국유사

8 서원은 조선 중기 지방 사림을 중심으로 설립한 교육기관으로 유생이 모여 학문을 연구하였으며 명망 있는 선비나 공신의 덕행을 추모하였다. 뿐만 아니라 향촌 사회의 교화를 담당하기도 하면서 향촌 사회에서 사림들의 결집을 강화하는 역할을 하였다. 이후 그 기능과 역할이 확대되면서 붕당의 근거지가 되었고 이의 문제점을 바로잡기 위하여 영조와 흥선대원군은 사원의 기능을 축소시켰다.
풍기 군수 주세붕이 세운 백운동 서원이 시초이며, 이후 이황의 건의로 백운동 서원은 소수서원으로 사액되었다.
④ 서민 자제를 교육한 기관은 서당이다.

9 밑줄 친 '왕'이 실시한 정책으로 옳은 것은?

> • 왕이 즉위하기 전에는 총명하며 어질고 후덕하여 백성들의 기대가 모두 그에게 돌아갔다. …… 노국
> 공주가 죽은 뒤로는 지나치게 슬퍼하다가 뜻을 잃고 정치를 신돈에게 위임하여 공이 있는 신하와 어
> 진 신하들이 내쫓기거나 죽임을 당하였다.
>
> – 「고려사」 –

① 교정도감을 설치하였다.

② 삼강행실도를 편찬하였다.

③ 기철 등 친원 세력을 숙청하였다.

④ 관료전을 지급하고 녹읍을 폐지하였다.

10 조선시대 법전 편찬 순으로 옳은 것은?

㉠ 속대전	㉡ 경국대전
㉢ 대전회통	㉣ 대전통편

① ㉠ → ㉡ → ㉢ → ㉣

② ㉠ → ㉡ → ㉣ → ㉢

③ ㉡ → ㉠ → ㉢ → ㉣

④ ㉡ → ㉠ → ㉣ → ㉢

〉〉〉〉〉〉〉〉 9.③ 10.④

ADVICE

9 제시문은 고려 공민왕이다. 14세기 중국의 원명교체기의 혼란한 상황 속에서 집권한 공민왕은 반원자주개혁 정책을 시행
하였다. 이를 위해 기철을 중심으로 한 친원파를 숙청하고 정동행성 이문소 폐지, 관제 복구, 영토 수복을 단행하였다.
또한 신돈을 기용하여 전민변정도감을 설치하고 토지 및 노비개혁을 통해 내정개혁을 시도했으나 권문세족의 반발로 개
혁은 실패하였다.
① 고려 희종 : 무신 최충헌이 설립한 정무기관
② 조선 세종
④ 신라 신문왕

10 ㉡ 경국대전(1485) : 조선 세조 대 편찬을 시작하여 성종 대 완성한 법전
㉠ 속대전(1746) : 조선 영조 대 편찬한 법전
㉣ 대전통편(1785) : 조선 정도 대 편찬한 법전
㉢ 대전회통(1865) : 조선 고종 대 흥선대원군이 주도하여 편찬한 법전

11 ( )에 들어갈 제도로 옳은 것은?

> ( )은/는 토산물을 가호 단위로 거두는 기존 방식에서 토지 1결당 쌀 12두를 거두는 방식으로 개선
> 함으로써 공물에 대한 백성의 부담을 줄였다.

① 균역법　　　　　　　　　　　　② 대동법
③ 전시과　　　　　　　　　　　　④ 호포제

12 정조의 업적으로 옳은 것은?

① 백두산정계비 설치
② 경복궁 중건
③ 화성 축조
④ 화엄사 각황전 중건

11 제시문은 조선 광해군 대 시행된 대동법이다. 조선 중기 이후 공납제에서 방납의 폐단이 심각한 문제였고, 특히 임진왜
란 이후 토지 황폐화로 인한 경작지 감소 및 인구 감소 등으로 인하여 조세 수취가 어려운 상황이었다. 광해군은 민생
안정과 조세 안정을 위하여 경기 지방을 중심으로 대동법을 실시하여 공물 대신 토지 1결당 미곡 12두를 수취하도록 하
였다. 이로 인하여 방납의 폐단을 어느 정도 개선하였지만 양반 지주들의 반발로 인하여 전국적으로 확대 시행되기 까지
는 오랜 시간이 소요되었다.
① **균역법** : 영조 대 시행된 제도로 농민들의 군포 부담을 2필에서 1필로 경감한 제도
③ **전시과** : 고려시대 관리들에게 지급한 토지제도
④ **호포제** : 조선 후기 흥선대원군이 양반들에게도 포를 징수한 제도

12 정조는 붕당정치의 폐단을 개혁하고 왕권을 강화하기 위하여 장용영 및 규장각을 설치하고 초계문신제를 시행하였다. 또
한 수원에 화성을 축조하여 상공업 중심지로 육성하고자 하였다.
① **백두산정계비**(1712) : 숙종 대 조선과 청의 경계를 구분하기 위해 세운 비석
② **경복궁 중건**(1872) : 고종 대 흥선대원군을 중심으로 왕실의 권위를 되살리기 위하여 실시
④ **화엄사 각황전**(1702) : 숙종 대 중건

13 다음 내용을 명기한 조약으로 옳은 것은?

> • 대한제국정부는 일본국정부의 중개를 거치지 않고서는 국제적 성질의 어떤 조약이나 약속을 맺지 않는다.
> • 일본국 정부는 대한제국 황제 폐하 밑에 1명의 통감을 두되, 통감은 오로지 외교에 관한 사항을 관리하기 위해 경성에 주재한다.

① 정미7조약(한 · 일 신협약)

② 한국 병합 조약

③ 한 · 일의정서

④ 을사조약(제2차 한 · 일 협약)

14 저서 – 저자의 관계가 옳은 것은?

① 「조선상고사」 – 신채호

② 「대한계년사」 – 황현

③ 「한국독립운동지혈사」 – 백남운

④ 「한국통사」 – 정교

>>>>>>>> **13.④ 14.①**

ADVICE

13 제시문은 1905년 체결된 을사조약(제2차 한일협약)이다. 러일전쟁 이후 일본은 한반도의 지배권을 공고히 하기 위하여 통감부를 설치하고 대한제국의 외교권을 박탈하는 을사조약을 체결하였다. 그 결과 초대 통감으로 이토 히로부미가 부임하였고, 고종 황제는 조약의 불법성을 근거로 헤이그 특사 파견, 미국에 헐버트를 파견하는 등 조약의 부당성을 알리고자 하였다.

① 정미7조약(한 · 일 신협약) : 1907년 체결된 조약으로 헤이그 특사 파견을 빌미로 일제가 고종을 강제 퇴위 시킨 이후 행정 각 부처에 일본인 차관을 임명하는 등 차관정치를 시행하였다.

② 한국 병합 조약(1910) : 조선총독부를 중심으로 본격적인 일제 식민지배가 시작되었다.

③ 한 · 일의정서(1904) : 러일전쟁 발발 직후 일본이 한반도의 군사적 요충지를 임의로 점령하였다.

14 신채호는 민족의 독립의지를 고취시키고자 〈조선상고사〉, 〈조선사연구초〉 등을 저술하였다.

② 대한계년사 : 정교가 저술한 편년체 사서로 고종 즉위부터 국권 상실까지의 기록을 담았다.

③ 한국독립운동지혈사

④ 한국통사 : 박은식이 저술한 역사서이다.

15 다음 설명에 관한 인물로 옳은 것은?

> 1944년 일본의 패망을 예견하고 비밀리에 조선 건국 동맹을 조직하여 광복을 준비 하였다.

① 안중근
② 여운형
③ 김원봉
④ 윤봉길

〉〉〉〉〉〉〉〉 15.②

15 조선건국동맹(1944) 조직을 주도한 인물은 여운형이다. 해방 직전 여운형은 국내 좌우 세력을 통합하여 조선건국동맹 결성을 주도하여 민주공화국 수립을 표방하는 등 독립 후 새로운 국가로의 이행을 준비하였다. 해방 직후에는 조선 건국 준비 위원회로 확대 개편되면서 조선 인민 공화국을 선포하였다.

16 관광자원에 관한 설명으로 옳은 것을 모두 고른 것은?

> ㉠ 관광자원은 관광욕구나 관광동기를 일으키는 매력성을 지니고 있어야 한다.
> ㉡ 관광자원은 사회구조나 시대에 따라 가치가 변하지 않는다.
> ㉢ 관광자원은 보존 또는 보호를 필요로 하지 않는다.
> ㉣ 관광자원의 범위는 자연자원과 문화자원, 유형자원과 무형자원 등 다양하다.

① ㉠, ㉡

② ㉡, ㉢

③ ㉢, ㉣

④ ㉠, ㉣

>>>>>>>> 16.④

ADVICE

16 ㉡ 관광자원은 사회구조나 시대에 따라 가치가 변한다.
　　㉢ 관광자원은 보존과 보호를 필요로 한다.

17 국립공원이 아닌 것은?

① 팔공산

② 주왕산

③ 태백산

④ 금오산

18 용암동굴에 해당하는 것을 모두 고른 것은?

㉠ 협재굴

㉡ 환선굴

㉢ 성류굴

㉣ 만장굴

① ㉠, ㉡

② ㉠, ㉣

③ ㉡, ㉢

④ ㉢, ㉣

>>>>>>>> **17.④ 18.②**

ADVICE

17 ④ 경상북도에 위치한 금오산은 도립공원이다.

　※ 우리나라의 국립공원은 전국 23개로 유형에 따라 산악형(18개), 해상 · 해안형(4개), 사적형(1개) 공원으로 관리 · 운영되고 있다.

　　㉠ **산악형**: 가야산, 계룡산, 내장산, 덕유산, 무등산, 북한산, 설악산, 소백산, 속리산, 오대산, 월악산, 월출산, 주왕산, 지리산, 치악산, 태백산, 팔공산, 한라산

　　㉡ **해상 · 해안형**: 다도해해상, 변산반도, 태안해안, 한려해상

　　㉢ **사적형**: 경주

18 환선굴과 성류굴은 석회동굴에 해당한다.

　※ **형성원인상의 분류**

　　㉠ **자연동굴**

　　　• 석회동굴(종유굴): 고수굴, 고씨굴, 초당굴, 환선굴, 도담굴, 관음굴, 장암굴, 성류굴 등

　　　• 화산동굴(용암동굴): 만장굴, 협재굴, 황금굴, 소천굴, 수산굴, 김녕사굴, 협재굴, 쌍용굴 등

　　　• 해식동굴(파식굴, 절리굴): 금산굴, 용굴, 오동도굴, 정방굴, 가사굴, 산방굴, 박쥐굴, 오수자굴 등

　　㉡ **인공동굴**: 인간의 목적에 따라 굴착된 동굴로 제주 송악산 해안 일제 동굴진지가 있다.

19 축제와 개최지역의 연결이 옳지 않은 것은?

① 구석기축제 – 연천

② 산천어축제 – 화천

③ 유등축제 – 진주

④ 머드축제 – 김제

20 국가유산의 분류 중 국가무형유산은?

① 서울 숭례문　　　　　　　　　② 경주 포석정지

③ 종묘제례악　　　　　　　　　④ 서울 원각사지 십층석탑

21 전통 건축물에 관한 설명으로 옳지 않은 것을 모두 고른 것은?

> ㉠ 기단 : 습기나 빗물 등으로부터 건물을 보호하는 역할을 함
> ㉡ 원통형 기둥 : 위에서 아래까지 일정한 굵기로 가공한 원형기둥을 말함
> ㉢ 다포 양식 : 공포가 기둥 위에만 있음
> ㉣ 팔작지붕 : 지붕 앞면과 뒷면이 '인(人)'자 모양인 가장 간단하고 보편적인 지붕양식

① ㉠, ㉡　　　　　　　　　　　② ㉠, ㉣

③ ㉡, ㉢　　　　　　　　　　　④ ㉢, ㉣

〉〉〉〉〉〉〉〉　19.④　20.③　21.④

ADVICE

19 ④ 머드축제는 충남 보령에서 개최되는 체험형 여름축제이다. 전북 김제의 지역축제로는 가을 문화축제인 김제지평선축제가 있다.

20 ① 서울 숭례문 – 국보
② 경주 포석정지 – 사적
④ 서울 원각사지 십층석탑 – 국보

21 ㉢ 다포 양식 : 기둥머리에만 공포를 배치하는 주심포 양식과는 달리 기둥과 기둥 사이에도 공포를 배치하는 형식이다.
㉣ 팔작지붕 : 지붕 위까지 박공이 달려 용마루 부분이 삼각형의 벽을 이룬다. 맞배지붕과 함께 한옥에 많이 쓰는 지붕의 형태이다. 제시된 설명은 맞배지붕에 대한 설명이다.

22 경복궁에 관한 설명으로 옳지 않은 것은?

① 조선왕조 제일의 법궁이다.

② 정전은 인정전이다.

③ 임진왜란 때 소실되어 고종 때 중건했다.

④ 광화문, 건춘문, 신무문, 영추문 등 궁문이 있다.

23 다음 설명에 모두 해당되는 것은?

> • 통일신라 석탑임
> • 무영탑이라고도 불림
> • 세계에서 가장 오래된 목판인쇄물인 무구정광대다라니경이 발견됨

① 경주 불국사 삼층석탑

② 경주 불국사 다보탑

③ 평창 월정사 팔각구층석탑

④ 익산 미륵사지 석탑

24 유네스코 세계기록유산으로 옳지 않은 것은?

① 난중일기

② 국채보상운동 기록물

③ 한국의 서원

④ 새마을운동 기록물

>>>>>>>> **22.**② **23.**① **24.**③

ADVICE

22 ② 경복궁의 정전은 근정전(勤政殿)이다.

23 제시된 내용은 경주 불국사 삼층석탑(석가탑)에 대한 설명이다.

24 한국의 세계기록유산은 ①②④ 등 총 18건이다.
　③ 한국의 서원은 세계유산이다.

25 다음 설명에 해당하는 민속놀이는?

> • 부녀자들이 손을 잡고 원을 그리며 추는 춤
> • 정월 대보름이나 팔월 한가위에 남부지방에서 행하던 민속놀이
> • 임진왜란 때 이순신 장군이 이 놀이를 용병술로 이용했다고 전해짐

① 강강술래
② 농악
③ 양주 별산대 놀이
④ 남사당 놀이

〉〉〉〉〉〉〉〉 **25.**①

ADVICE

25 제시된 내용은 강강술래에 대한 설명이다.

26 관광진흥개발기금법령상 관광진흥개발기금에 관한 설명으로 옳지 않은 것은?

① 관광진흥개발기금은 「관세법」에 따른 보세판매장 특허수수료의 100분의 50을 재원으로 조성한다.

② 기금은 문화체육관광부장관이 관리한다.

③ 기금의 회계연도는 정부의 회계연도에 따른다.

④ 기금은 호텔을 비롯한 각종 관광시설의 건설 또는 개수(改修)의 용도로 보조할 수 있다.

>>>>>>>> 26.④

ADVICE

26 ④ 기금은 호텔을 비롯한 각종 관광시설의 건설 또는 개수(改修)의 용도로 대여(貸與)할 수 있다〈「관광진흥개발기금법」 제5조(기금의 용도) 제1항 제1호 관련〉.
① 동법 제2조(기금의 설치 및 재원) 제2항 제4호 관련
② 동법 제3조(기금의 관리) 제1항
③ 동법 제4조(기금의 회계연도)

27 관광기본법상 관광진흥에 관한 기본계획(이하 "기본계획"이라 함)의 수립 시 정부의 역할로 옳은 것은?

① 정부는 관광진흥의 기반을 조성하고 관광산업의 경쟁력을 강화하기 위하여 기본계획을 10년마다 수립·시행하여야 한다.

② 기본계획의 수립 시 관광시설의 감염병 등에 대한 안전·위생·방역 관리에 관한 사항이 포함되어야 한다.

③ 기본계획은 국가관광정책심의위원회의 심의를 거쳐 확정한다.

④ 정부는 기본계획에 따라 5년마다 시행계획을 수립·시행하고 그 추진실적을 기본계획에 반영하여야 한다.

>>>>>>>> 27.②

ADVICE

27 관광진흥계획의 수립〈「관광기본법」 제3조〉

　　㉠ 정부는 관광진흥의 기반을 조성하고 관광산업의 경쟁력을 강화하기 위하여 관광진흥에 관한 기본계획(이하 "기본계획"이라 한다)을 5년마다 수립·시행하여야 한다.

　　㉡ 기본계획에는 다음의 사항이 포함되어야 한다.

- 관광진흥을 위한 정책의 기본방향
- 관광의 지속가능한 발전에 관한 사항
- 국내외 관광여건과 관광 동향에 관한 사항
- 관광진흥을 위한 기반 조성에 관한 사항
- 관광취약계층 등을 위한 무장애 관광 환경 조성 및 지원에 관한 사항
- 관광진흥을 위한 관광사업의 부문별 정책에 관한 사항
- 관광진흥을 위한 재원 확보 및 배분에 관한 사항
- 관광진흥을 위한 제도 개선에 관한 사항
- 관광산업 인력 양성과 근로실태조사 등 관광 종사자의 근무환경 개선을 위한 기반 조성에 관한 사항
- 관광진흥과 관련된 중앙행정기관의 역할 분담에 관한 사항
- 관광시설의 감염병 등에 대한 안전·위생·방역 관리에 관한 사항
- 그 밖에 관광진흥을 위하여 필요한 사항

　　㉢ 기본계획은 제16조 제1항에 따른 국가관광전략회의의 심의를 거쳐 확정한다.

　　㉣ 정부는 기본계획에 따라 매년 시행계획을 수립·시행하고 그 추진실적을 평가하여 기본계획에 반영하여야 한다.

28 국제회의산업 육성에 관한 법령상 국제회의도시의 지정과 그 기준에 관한 설명으로 옳은 것은?

① 문화체육관광부장관은 대통령령으로 정하는 국제회의도시 지정기준에 맞는 특별시·광역시 및 도(道)를 국제회의도시로 지정할 수 있다.

② 지정대상 도시는 해외 도시와의 교류가 왕성하고, 환경 친화적인 곳이어야 한다.

③ 지정대상 도시에 국제회의시설이 있고, 해당 도시에서 이를 활용한 국제회의산업 육성에 관한 계획을 수립하고 있어야 한다.

④ 국제회의도시로 지정된 도시가 지정기준에 맞지 아니하게 된 경우에는 문화체육관광부장관의 제청으로 국무총리가 그 지정을 취소하여야 한다.

〉〉〉〉〉〉〉〉 28.③

ADVICE

28 국제회의도시의 지정 등〈「국제회의산업 육성에 관한 법률」제14조〉

    ㉠ 문화체육관광부장관은 대통령령으로 정하는 국제회의도시 지정기준에 맞는 특별시·광역시 및 시를 국제회의도시로 지정할 수 있다.

    ㉡ 문화체육관광부장관은 국제회의도시를 지정하는 경우 지역 간의 균형적 발전을 고려하여야 한다.

    ㉢ 문화체육관광부장관은 국제회의도시가 제1항에 따른 지정기준에 맞지 아니하게 된 경우에는 그 지정을 취소할 수 있다.

    ㉣ 문화체육관광부장관은 제1항과 제3항에 따른 국제회의도시의 지정 또는 지정취소를 한 경우에는 그 내용을 고시하여야 한다.

    ㉤ 제1항과 제3항에 따른 국제회의도시의 지정 및 지정취소 등에 필요한 사항은 대통령령으로 정한다.

    ※ **국제회의도시의 지정기준**〈「국제회의산업 육성에 관한 법률 시행령」제13조〉… 법 제14조 제1항에 따른 국제회의도시의 지정기준은 다음과 같다.

        ㉠ 지정대상 도시에 국제회의시설이 있고, 해당 특별시·광역시 또는 시에서 이를 활용한 국제회의산업 육성에 관한 계획을 수립하고 있을 것

        ㉡ 지정대상 도시에 숙박시설·교통시설·교통안내체계 등 국제회의 참가자를 위한 편의시설이 갖추어져 있을 것

        ㉢ 지정대상 도시 또는 그 주변에 풍부한 관광자원이 있을 것

29 관광진흥법령상 등록기관등의 장의 권한의 위탁에 관한 설명으로 옳지 않은 것은?

① 관광식당업의 지정 및 지정취소 : 지역별 관광협회
② 국외여행 인솔자의 등록 : 업종별 관광협회
③ 호텔경영사의 등록 및 자격증의 발급 : 한국관광공사
④ 국내여행안내사의 등록 및 자격증의 발급 : 한국산업인력공단

〉〉〉〉〉〉〉〉 29.④

29 권한의 위탁〈「관광진흥법 시행령」 제65조 제1항〉 … 등록기관등의 장은 다음의 권한을 한국관광공사, 협회, 지역별 · 업종별 관광협회, 전문 연구 · 검사기관, 자격검정기관 또는 교육기관에 각각 위탁한다. 이 경우 문화체육관광부장관 또는 시 · 도지사는 ㉣, ㉤, ㉥ 및 ㉧의 경우 위탁한 업종별 관광협회, 전문 연구 · 검사기관 또는 관광 관련 교육기관의 명칭 · 주소 및 대표자 등을 고시해야 한다.

㉠ 관광 편의시설업 중 관광식당업 · 관광사진업 및 여객자동차터미널시설업의 지정 및 지정취소에 관한 권한 : 지역별 관광협회

㉡ 국외여행 인솔자의 등록 및 자격증 발급에 관한 권한 : 업종별 관광협회

㉢ 카지노기구의 검사에 관한 권한 : 문화체육관광부장관이 지정하는 검사기관(이하 "카지노기구 검사기관"이라 한다)

㉣ 테마파크시설의 안전성검사 및 안전성검사 대상에 해당되지 아니함을 확인하는 검사에 관한 권한 : 문화체육관광부령으로 정하는 인력과 시설 등을 갖추고 문화체육관광부령으로 정하는 바에 따라 문화체육관광부장관이 지정한 업종별 관광협회 또는 전문 연구 · 검사기관

㉤ 안전관리자의 안전교육에 관한 권한 : 업종별 관광협회 또는 안전 관련 전문 연구 · 검사기관

㉥ 관광종사원 중 관광통역안내사 · 호텔경영사 및 호텔관리사의 자격시험, 등록 및 자격증의 발급에 관한 권한 : 한국관광공사. 다만, 자격시험의 출제, 시행, 채점 등 자격시험의 관리에 관한 업무는 「한국산업인력공단법」에 따른 한국산업인력공단에 위탁한다.

㉦ 관광종사원 중 국내여행안내사 및 호텔서비스사의 자격시험, 등록 및 자격증의 발급에 관한 권한 : 협회. 다만, 자격시험의 출제, 시행, 채점 등 자격시험의 관리에 관한 업무는 「한국산업인력공단법」에 따른 한국산업인력공단에 위탁한다.

㉧ 문화관광해설사 양성을 위한 교육과정의 개설 · 운영에 관한 권한 : 한국관광공사 또는 다음의 요건을 모두 갖춘 관광 관련 교육기관
• 기본소양, 전문지식, 현장실무 등 문화관광해설사 양성교육(이하 "양성교육"이라 한다)에 필요한 교육과정 및 교육내용을 갖추고 있을 것
• 강사 등 양성교육에 필요한 인력과 조직을 갖추고 있을 것
• 강의실, 회의실 등 양성교육에 필요한 시설과 장비를 갖추고 있을 것

㉨ 한국관광 품질인증 및 그 취소에 관한 업무 : 한국관광공사

㉩ 관광특구에 대한 평가 : 조사 · 분석 전문기관

30 관광진흥법령상 관광사업의 등록, 허가, 신고 및 지정에 관한 설명으로 옳지 않은 것은?

① 여행업을 경영하려는 자는 특별자치시장·특별자치도지사·시장·군수·구청장(자치구의 구청장을 말한다. 이하 같다)에게 등록하여야 한다.

② 종합유원시설업을 경영하려는 자는 문화체육관광부령으로 정하는 시설과 설비를 갖추어 특별자치시장·특별자치도지사·시장·군수·구청장의 허가를 받아야 한다.

③ 국제회의업을 경영하려는 자는 회의시설 등 문화체육관광부령으로 정하는 시설을 갖추어 문화체육관광부장관에게 신고하여야 한다.

④ 관광 편의시설업을 경영하려는 자는 문화체육관광부령으로 정하는 바에 따라 특별시장·광역시장·특별자치시장·도지사·특별자치도지사 또는 시장·군수·구청장의 지정을 받아야 한다.

31 관광진흥법령상 관광숙박업의 등급결정 등에 관한 설명이다. (   )에 들어갈 내용을 순서대로 올바르게 나열한 것은?

> • 호텔업 등급결정의 유효기간은 등급결정을 받은 날부터 (㉠)으로 한다.
> • 문화체육관광부장관은 호텔업의 등급결정권을 다음 각 호의 요건을 모두 갖춘 법인으로서 문화체육관광부장관이 정하여 고시하는 법인에 위탁한다.
> 1.~2. (생략)
> 3. 문화체육관광부령으로 정하는 기준에 맞는 자격을 가진 평가요원을 (㉡) 이상 확보하고 있을 것

① ㉠ : 3년, ㉡ : 30명   　　　② ㉠ : 3년, ㉡ : 50명
③ ㉠ : 5년, ㉡ : 30명   　　　④ ㉠ : 5년, ㉡ : 50명

≫≫≫≫≫≫≫ 30.③ 31.②

ADVICE

30 ③ 규정에 따른 여행업, 관광숙박업, 관광객 이용시설업 및 국제회의업을 경영하려는 자는 특별자치시장·특별자치도지사·시장·군수·구청장(자치구의 구청장을 말한다)에게 등록하여야 한다〈「관광진흥법」 제4조(등록) 제1항〉.

31 ㉠ 호텔업 등급결정의 유효기간은 등급결정을 받은 날부터 3년으로 한다. 다만, 통지 전에 호텔업 등급결정의 유효기간이 만료된 경우에는 새로운 등급결정을 받기 전까지 종전의 등급결정이 유효한 것으로 본다〈「관광진흥법 시행규칙」 제25조의3(등급결정의 유효기간 등) 제2항〉.

　㉡ 문화체육관광부장관은 호텔업의 등급결정권을 다음의 요건을 모두 갖춘 법인으로서 문화체육관광부장관이 정하여 고시하는 법인에 위탁한다〈「관광진흥법 시행령」 제66조(등급결정 권한의 위탁) 제1항〉.
　　• 문화체육관광부장관의 허가를 받아 설립된 비영리법인이거나 「공공기관의 운영에 관한 법률」에 따른 공공기관일 것
　　• 관광숙박업의 육성과 서비스 개선 등에 관한 연구 및 계몽활동 등을 하는 법인일 것
　　• 문화체육관광부령으로 정하는 기준에 맞는 자격을 가진 평가요원을 50명 이상 확보하고 있을 것

32 관광진흥법령상 관광객 이용시설업이 아닌 것은?

① 휴양콘도미니엄업
② 전문휴양업
③ 종합휴양업
④ 관광유람선업

33 관광진흥법령상 카지노업 허가에 관한 설명으로 옳지 않은 것은?

① 문화체육관광부장관은 카지노업을 허가할 때 1년의 범위에서 조건부 영업허가를 할 수 있다.
② 문화체육관광부장관이 공공의 안녕, 질서유지를 위하여 필요하다고 인정하면 대통령령으로 정하는 바에 따라 카지노업의 허가를 제한할 수 있다.
③ 우리나라의 연안을 왕래하는 여객선에서 카지노업을 하려는 경우, 여객선이 5천 톤급 이상 이어야 한다.
④ 금고 이상의 형의 선고유예를 받고 그 유예기간 중에 있는 자는 카지노업의 허가를 받을 수 없다.

>>>>>>>>> 32.① 33.③

ADVICE

32 ① 휴양콘도미니엄업은 관광숙박업에 해당한다.

※ **관광객 이용시설업의 종류**〈「관광진흥법 시행령」 제2조 제1항 제3호〉
　　㉠ **전문휴양업**
　　㉡ **종합휴양업** : 제1종 종합휴양업, 제2종 종합휴양업
　　㉢ **야영장업** : 일반야영장업, 자동차야영장업
　　㉣ **관광유람선업** : 일반관광유람선업, 크루즈업
　　㉤ **관광공연장업**
　　㉥ **외국인관광 도시민박업**
　　㉦ **한옥체험업**

33 **카지노업의 허가요건 등**〈「관광진흥법 시행령」 제27조 제2항〉
　　㉠ 관광호텔업이나 국제회의시설업의 부대시설에서 카지노업을 하려는 경우
　　　• 외래관광객 유치계획 및 장기수지전망 등을 포함한 사업계획서가 적정할 것
　　　• 나목에 규정된 사업계획의 수행에 필요한 재정능력이 있을 것
　　　• 현금 및 칩의 관리 등 영업거래에 관한 내부통제방안이 수립되어 있을 것
　　　• 그 밖에 카지노업의 건전한 운영과 관광산업의 진흥을 위하여 문화체육관광부장관이 공고하는 기준에 맞을 것
　　㉡ 우리나라와 외국 간을 왕래하는 여객선에서 카지노업을 하려는 경우
　　　• 여객선이 2만 톤 급 이상으로 문화체육관광부장관이 공고하는 총톤수 이상일 것
　　　• ㉠의 세부규정에 적합할 것

34 관광진흥법령상 한국관광협회중앙회가 하는 공제사업의 내용이 아닌 것은?

① 지역별 관광협회와의 친목 도모 업무

② 회원 상호간의 경제적 이익을 도모하기 위한 업무

③ 관광사업행위에 따른 사고로 인하여 재해를 입은 종사원에 대한 보상업무

④ 관광사업자의 관광사업행위와 관련된 사고로 인한 대물 및 대인배상에 대비하는 배상업무

35 관광진흥법령상 관광지로 지정 · 고시된 지역에서 특별자치시장 · 특별자치도지사 · 시장 · 군수 · 구청장의 허가를 받아야 하는 사항이 아닌 것은?

① 토지매매

② 공유수면의 매립

③ 옮기기 어려운 물건을 1개월 이상 쌓아놓는 행위

④ 절토의 방법으로 토지의 형상을 변경하는 행위

>>>>>>>> **34.**① **35.**①

ADVICE

34 공제사업의 내용〈「관광진흥법 시행령」 제40조〉
- ㉠ 관광사업자의 관광사업행위와 관련된 사고로 인한 대물 및 대인배상에 대비하는 공제 및 배상업무
- ㉡ 관광사업행위에 따른 사고로 인하여 재해를 입은 종사원에 대한 보상업무
- ㉢ 그 밖에 회원 상호간의 경제적 이익을 도모하기 위한 업무

35 행위 등의 제한〈「관광진흥법」 제52조의2 제1항〉 ⋯ 관광지등으로 지정 · 고시된 지역에서 건축물의 건축, 공작물의 설치, 토지의 형질 변경, 토석의 채취, 토지분할, 물건을 쌓아놓는 행위 등 대통령령으로 정하는 행위를 하려는 자는 특별자치시장 · 특별자치도지사 · 시장 · 군수 · 구청장의 허가를 받아야 한다. 허가받은 사항을 변경하려는 경우에도 또한 같다.
- ※ 「관광진흥법 시행령」 제45조의2(행위 등의 제한) 제1항 ⋯ 법 제52조의2 제1항 전단에서 "건축물의 건축, 공작물의 설치, 토지의 형질 변경, 토석의 채취, 토지분할, 물건을 쌓아놓는 행위 등 대통령령으로 정하는 행위"란 다음의 어느 하나에 해당하는 행위를 말한다.
  - ㉠ 건축물의 건축 : 「건축법」에 따른 건축물(가설건축물을 포함한다)의 건축, 대수선 또는 용도변경
  - ㉡ 공작물의 설치 : 인공을 가하여 제작한 시설물(「건축법」 제2조 제1항 제2호에 따른 건축물은 제외한다)의 설치
  - ㉢ 토지의 형질 변경 : 절토(땅깎기) · 성토(흙쌓기) · 정지(땅고르기) · 포장(흙덮기) 등의 방법으로 토지의 형상을 변경하는 행위, 토지의 굴착(땅파기) 또는 공유수면의 매립
  - ㉣ 토석의 채취 : 흙 · 모래 · 자갈 · 바위 등의 토석을 채취하는 행위(㉢에 따른 토지의 형질 변경을 목적으로 하는 것은 제외한다)
  - ㉤ 토지분할
  - ㉥ 물건을 쌓아놓는 행위 : 옮기기 어려운 물건을 1개월 이상 쌓아놓는 행위
  - ㉦ 죽목(竹木)을 베어내거나 심는 행위

36 자연 관찰, 농촌 생활 체험 및 교류를 추구하는 관광은?

① Social Tourism

② Cultural Tourism

③ Fair Tourism

④ Green Tourism

37 MICE 분야 중 개인·단체에게 동기유발을 위한 포상의 목적으로 주어지는 것은?

① Meeting

② Incentive tour

③ Convention

④ Exhibition

〉〉〉〉〉〉〉〉〉 36.④ 37.②

ADVICE

36 Green Tourism … 도시민과 농촌 주민의 교류를 통해 농촌의 자연 경관, 전통문화, 생활과 산업 따위를 체험할 수 있는 체류형 여가 활동이다.
① 여행할 만한 여유가 없는 계층을 위해 정부나 공공기관의 지원이 이뤄지면서 국민복지 향상을 목적으로 한 사회적 관광을 말한다.
② 서양에서는 1990년대 초중반에 들어서 생태관광과 더불어 문화관광이 관광학계의 새로운 관심사로 부상했다.
③ 생산자와 소비자가 대등한 관계를 맺는 공정무역(fair trade)에서 따온 개념으로, 착한여행이라고도 한다. 즐기기만 하는 여행에서 초래된 환경오염, 문명 파괴, 낭비 등을 반성하고 어려운 나라의 주민들에게 조금이라도 도움을 주자는 취지에서 2000년대 들어서면서 유럽을 비롯한 영미권에서 추진되어 왔다.

37 Incentive tour … 기업에서 주어진 목적이나 목표달성을 위해 종업원, 거래관계자 등에게 관광이라는 형태로 동기유발을 시키거나 생산효율성을 증대할 수 있는 관광 상품. 포상 여행이라고 할 수 있다.

38 카지노 사업의 특성으로 옳지 않은 것은?

① 높은 진입 장벽

② 높은 경제적 파급 효과

③ 계절성 사업

④ 오락적 기능

39 테마파크의 사업적 특성이 아닌 것은?

① 노동집약적 산업으로 인적 서비스 의존도가 높다.

② 사업이 영세하고 창업이 용이하다.

③ 대규모 투자비와 장기간의 개발 사업이다.

④ 초기에 막대한 자본을 투자하는 장치산업으로 독과점적 산업이다.

40 지상 수배를 전문으로 하는 현지 여행사는?

① 랜드사

② 도매여행사

③ 소매여행사

④ 종합여행사

>>>>>>>>> 38.③ 39.② 40.①

ADVICE

38 ③ 카지노 사업은 실내에서 이루어지므로 계절을 가리지 않는다.

39 ② 테마파크는 개발에 대규모의 투자비와 긴 시간이 들어가므로 규모가 크고 창업이 용이하지 않다.

40 랜드사 … 현지 호텔 예약, 차량 수배, 가이드 수배 등 지상 수배를 전문으로 하는 현지 여행사를 말한다. 종합여행사에서 랜드사를 활용할 경우 비용 절감 및 현지 컴플레인에 대한 부담도 줄일 수 있다.

41 우리나라 면세점에 관한 설명으로 옳지 않은 것은?

① 면세점은 특허성 사업이다.

② 사전 면세제도와 사후 면세제도로 운영된다.

③ 면세물품은 반입과 반출에 통제가 이루어진다.

④ 사후 면세의 경우 1인당 면세 한도는 미화 600달러이다.

42 서양에서 투어리즘(tourism)이란 용어가 최초로 사용된 것은?

① Time

② The Wall Street Journal

③ Reader's Digest

④ The Sporting Magazine

43 2024년 현재 출국 내국인의 면세물품 총구매 한도액은?

① 미화 3000달러

② 미화 5000달러

③ 미화 7000달러

④ 제한 없음

>>>>>>>> 41.④ 42.④ 43.④

ADVICE

41 ④ 1인당 면세 한도는 미화 800달러이다.

42 라틴어의 Tornus(회전)가 짧은 기간 동안의 여행을 뜻하는 Tour로 변했고 파생어로서 Tourism이라는 말이 1811년 《sporting magazine》 이란 영국의 스포츠 월간잡지에서 처음 사용되었다.

43 출국하는 내국인의 면세품 물품 구매 한도는 2022년 3월 18일부터 「보세판매장 운영에 관한 고시」의 보세판매장 물품 판매 한도 규정이 폐지되어 한도 제한 없이 구매할 수 있다.

44 관광두레의 내용으로 옳은 것을 모두 고른 것은?

> ㉠ 지역주민으로 구성된 주민공동체가 지역고유의 특색을 살려 만든 관광사업체의 창업 및 성장을 지
> 원하는 사업
> ㉡ 건전한 민박생태계 조성을 위해 여행자는 합법숙소를 확인 이용하고 사업자는 안전하고 친절한 서
> 비스를 제공하기 위한 사업
> ㉢ 공동체성, 지역성, 지속가능성이라는 핵심가치를 가지고 지역기반 관광활성화를 위한 마중물이자
> 과정중심형·관계기반형 사업
> ㉣ 국내여행에 쉽게 참여하지 못하는 사회적 취약계층에게 여행기회를 제공하여 여행참여 및 관광활동
> 을 통한 삶의 질을 향상시키고자 시행되는 사업

① ㉠, ㉡
② ㉠, ㉢
③ ㉠, ㉢, ㉣
④ ㉡, ㉢, ㉣

45 시장세분화 기준 중 인구통계적 변수가 아닌 것은?

① 개성
② 연령
③ 성별
④ 직업

>>>>>>>> **44.② 45.①**

ADVICE

44 ㉡ 세이프스테이 캠페인에 대한 설명이다.

㉣ 여행바우처 사업에 대한 설명이다.

※ **관광두레** … 관광두레는 광객의 소비가 지역 발전으로 이어지는 관광생태계 조성을 목표로, 지역주민들이 지역 고유의
특색을 지닌 숙박, 식음, 여행, 체험, 기념품 등을 생산·판매하는 관광사업체를 창업하고 경영할 수 있도록 밀착 지
원한다.
- 비즈니스 : 지속가능한 관광의 한국형 실천 해법
- 공동체 : 지역의 주인으로 자립하는 주민공동체
- 연계·협력 : 관계 맺기를 통한 지역관광 생태계 조성

45 시장세분화의 기준

㉠ **지리적 세분화** : 기후·도시의 규모·인구밀도·지역 등 시장을 국가·도·시 등 지리적·행정구역적 단위에 따라 세
분화하는 것을 말한다.

㉡ **인구통계적 세분화** : 연령별·성별·소득·가족 수·직업·교육수준·종교 등으로 시장을 나누는 것이다.

㉢ **심리형태별 세분화** : 라이프스타일·개성·생활양식·사회적 계층·개인의 가치 등 심리적 내부욕구를 기준으로 나누
는 것이다.

㉣ **행동분석적 세분화** : 제품에 대한 태도·여행 빈도·상표충성도·구매횟수·이용률·추구하는 편익·사용량 등이다.

46 다음 설명에 해당하는 국제기구는?

> • 아시아 태평양 지역의 관광진흥활동, 지역발전도모 및 유럽·미국 관광객 유치를 위한 목적
> • 태국 방콕에 본부를 둠
> • 연차총회, 관광교역전 및 지속가능한 관광자원보호를 위한 총회 개최

① PATA
② APEC
③ OECD
④ ICCA

47 관광의 사회문화적 효과가 아닌 것은?

① 국제친선 증진
② 교육기회 증대
③ 세수 증대
④ 문화교류 증진

>>>>>>>> **46.① 47.③**

ADVICE

46 ① PATA(Pacific Area Travel Association) … 아태지역 관광인들의 제창에 의해 1951년 하와이에서 창설된 민관합동 국제기구로, 아시아태평양관광협회라고도 한다.
② APEC(Asia Pacific Economic Cooperation) : 아시아태평양경제협력체
③ OECD(Organization for Economic Cooperation and Development) : 경제협력개발기구
④ ICCA(International Congress and Convention Association) : 국제회의 컨벤션 연합 조직
※ 국제적 관광관련 단체
　㉠ PATA(Pacific Area Travel Association) : 아태지역 관광인들의 제창에 의해 1951년 하와이에서 창설된 민관합동 국제기구로, 아시아태평양관광협회라고도 한다.
　㉡ APEC(Asia Pacific Economic Cooperation) : 아시아태평양경제협력체
　㉢ OECD(Organization for Economic Cooperation and Development) : 경제협력개발기구
　㉣ ICCA(International Congress and Convention Association) : 국제회의 컨벤션 연합 조직

47 ③ 세수의 증대는 경제적 효과에 해당한다.

48 1970년대의 한국 관광에 관한 설명으로 옳은 것은?

① 해외여행 자유화

② 관광기본법 제정

③ 관광사업진흥법 제정

④ 지리산국립공원 지정

49 관광의사결정에 영향을 미치는 개인적 요인으로 옳은 것은?

① 학습

② 가족

③ 준거집단

④ 사회계층

50 우리나라 행정구역과 문화시설의 연결로 옳지 않은 것은?

① 강원특별자치도 – 뮤지엄산

② 대구광역시 – 이응노미술관

③ 제주특별자치도 – 본태박물관

④ 전라남도 – 태백산맥문학관

>>>>>>>> 48.② 49.① 50.②

ADVICE

48 ① 전 국민을 대상으로 해외여행 자유화가 시행된 것은 1989년이다.

③ 1961년 8월 22일에는 관광에 관한 최초의 법률인 관광사업진흥법이 제정·공포되었다.

④ 지리산은 1967년 최초의 국립공원으로 지정되었다.

49 ① 학습은 개인의 심리적 내적 요인에 해당한다. 나머지는 모두 외부요인이다.

50 ② 고암 이응노 화백은 동아시아의 서화전통을 활용해 현대적 추상화를 창작한 한국현대미술사의 거장이다. 이응노미술관은 대전광역시에 위치하고 있다.

1 국사

1 구석기 시대 유적지로 옳지 않은 것은?

① 공주 석장리

② 연천 전곡리

③ 창원 다호리

④ 덕천 승리산 동굴

2 (개)에 해당하는 고구려 왕은?

> (개)는 남진 정책을 추진하여 백제와 신라를 압박하였고, 마침내 3만의 군사를 보내 백제를 쳐서 한강 유역을 차지함으로써 삼국 간의 항쟁에서 주도권을 잡게 되었다.

① 미천왕

② 장수왕

③ 태조왕

④ 소수림왕

>>>>>>>>> 1.③ 2.②

1 ③ 창원 다호리 고분군 : 경상남도 창원시 동면 다호리에 위치하고 있는 철기시대의 분묘 유적이다.
①②④ 구석기시대 유적지

2 남진 정책, 한강 유역 차지 등을 통해 고구려 장수왕임을 알 수 있다.
① 미천왕 : 낙랑군 축출
③ 태조왕 : 옥저, 동예 정복
④ 소수림왕 : 율령 반포, 불교 공인

3 ㈎에 들어갈 발해의 정치 기구로 옳은 것은?

> ㈎ 아래에 6부를 두어 나라 일을 나누어 처리하게 하였고, 장관인 대내상이 국정을 총괄하였다.

① 선조성

② 중대성

③ 정당성

④ 중서문하성

>>>>>>>> 3.③

ADVICE

3 ㈎는 발해 중앙 정치의 핵심 부서인 정당성이다.

① **선조성** : 신료들의 여론을 국왕에게 알리고 국왕의 조칙을 논박하는 일을 맡았다.

② **중대성** : 당나라의 중서성(中書省)과 동일하게 조령(詔令)의 기초를 주관하는 정무를 맡았다.

④ **중서문하성** : 고려시대의 중앙 권력 기구로, 당나라의 3성(중서성 · 문하성 · 상서성) 6부(이 · 호 · 병 · 형 · 예 · 공부) 제도를 모방했다. 이 중 정책 결정을 맡은 중서성과 왕명을 전달하는 문하성을 합쳐 중서문하성이라 불렀다.

※ 발해의 중앙 정치 제도

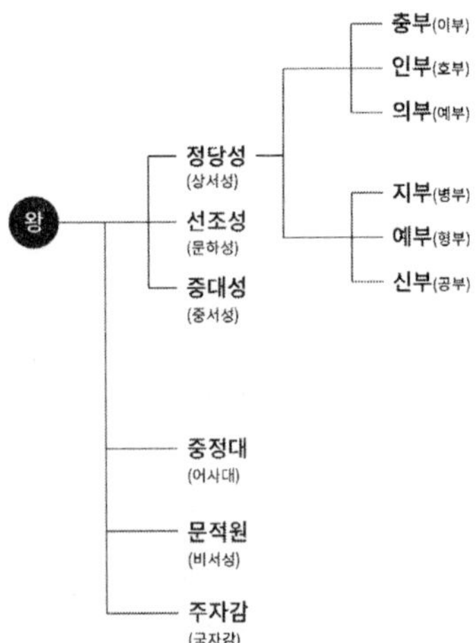

4 신라의 제도로 옳지 않은 것은?

① 6좌평　　　　　　　　　　② 상대등

③ 집사부　　　　　　　　　　④ 화백 회의

5 다음 사건을 발생한 순서대로 올바르게 나열한 것은?

> ㉠ 무신정변
> ㉡ 위화도 회군
> ㉢ 이자겸의 난
> ㉣ 삼별초의 항쟁

① ㉠ → ㉡ → ㉢ → ㉣
② ㉠ → ㉡ → ㉣ → ㉢
③ ㉢ → ㉠ → ㉣ → ㉡
④ ㉢ → ㉣ → ㉠ → ㉡

>>>>>>>>　**4.①　5.③**

ADVICE

4　① **6좌평** : 좌평은 백제시대의 제1품 관등으로 6좌평은 여섯 좌평을 말한다.
- 내신좌평(內臣佐平) : 여섯 좌평의 수석이며, 왕의 명령을 알리고 보고하는 업무를 관장하였다.
- 내두좌평(內頭佐平) : 창고가 상징하는 국가 재정 관련 업무를 관장하였다.
- 내법좌평(內法佐平) : 예법과 의례 관련 업무를 관장하였다.
- 위사좌평(衛士佐平) : 국왕을 비롯한 왕실 구성원의 경호와 왕도(王都)의 경비 관련 업무를 관장하였다.
- 조정좌평(朝廷佐平) : 형벌 등 사법(司法) 관련 업무를 관장하였다.
- 병관좌평(兵官佐平) : 지방의 군사 관련 업무를 관장하였다.

5　㉢ **이자겸의 난**(1126) : 이자겸 등이 '십팔자'가 왕이 될 것이라는 도참설을 내세워 인종을 폐위시키고 스스로 왕위를 찬탈하고자 일으켰던 반란
　㉠ **무신정변**(1170) : 고려 의종 때, 문신들과 달리 제대로 대접을 받지 못했던 무신들이 불만을 품고 정변을 일으켜 권력을 차지한 사건
　㉣ **삼별초의 항쟁**(1270) : 삼별초 해산령에 불만을 가진 삼별초 장병들이 개경 환도를 거부하고 여원 연합군에 대해 펼쳤던 3년간의 항쟁
　㉡ **위화도 회군**(1388) : 이성계, 조민수가 위화도에서 군사를 돌려 정변을 일으키고 권력을 장악한 사건

6 다음 역사서의 저자를 올바르게 연결한 것은?

> ㉠ 삼국사기
> ㉡ 삼국유사

① ㉠ : 김대문, ㉡ : 이문진
② ㉠ : 김부식, ㉡ : 일연
③ ㉠ : 김관의, ㉡ : 각훈
④ ㉠ : 이승휴, ㉡ : 이제현

7 다음 설명에 해당하는 인물은?

> • 선과 교학을 분리하지 않고 함께 수행해야 한다는 정혜쌍수를 주장하였다.
> • '명예와 이익을 버리고 산속에서 독경과 선 수행 등으로 수양하자.'는 개혁 운동인 수선사 결사를 제창하였다.

① 도선
② 균여
③ 의천
④ 지눌

>>>>>>>>> 6.② 7.④

ADVICE

6 김부식 『삼국사기』 / 일연 『삼국유사』
 ① 김대문 『한산기』, 『화랑세기』 / 이문진 『신집』 5권
 ③ 김관의 『편년통록』 / 각훈 『해동고승전』
 ④ 이승휴 『제왕운기』 / 이제현 『역옹패설』

7 지눌은 고려 후기 정혜결사를 개창해 교선일치 사상을 수립하고, 조계산 송광사를 창건한 승려이다.
 ① 도선 : 신라 말기의 승려이며 풍수설의 대가이다.
 ② 균여 : 고려의 승려로 향가를 지어 불교를 설파했다.
 ③ 의천 : 고려 제11대 왕인 문종의 넷째 아들. 왕자의 신분으로 승려가 되었으며 대각국사로 불렸다

8 조선시대 국왕의 비서 기관으로 왕명 출납을 담당한 기관은?

① 승정원

② 사간원

③ 홍문관

④ 사헌부

9 다음 설명에 해당하는 인물은?

• 성학집요를 저술하였다.

• 해주향약을 만들어 시행하였다.

• 이(理)보다 기(氣)의 역할을 강조했다.

① 이황

② 서경덕

③ 이이

④ 조식

〉〉〉〉〉〉〉〉〉 **8.① 9.③**

8 ① **승정원** : 조선시대 국왕의 비서 기관으로 왕명 출납을 담당

② **사간원** : 조선시대 간쟁과 논박을 관장하던 관청

③ **홍문관** : 조선시대 학술 기관으로, 주로 궁중의 학술 서적 관리와 왕에게 자문을 하는 역할을 담당

④ **사헌부** : 조선시대 관리들을 감찰하는 일을 맡아 행하던 관청

9 율곡 이이에 대한 설명이다. 이이는 주기론을 주장한 기호학파로 경험적 세계를 중시하였고 도덕적 실천을 중시하였다.

※ 주기론과 주리론

주기론	주리론
기발이승일도설(氣發理乘一途說)	이기호발설(理氣互發說)
서경덕-이이-조헌	이언적-이황-유성룡
기호학파(서인)	영남학파(동인)
진보적 개혁 사상	위정 척사 사상

10 영조의 정책에 관한 설명으로 옳은 것은?

① 친위부대인 장용영을 설치하였다.　② 속대전을 편찬하였다.

③ 대마도를 정벌하였다.　④ 동국지도를 완성하였다.

11 다음 설명에 해당하는 종교는?

> • 최제우가 창시하였다.
> • 외세의 침략을 배척하였다.
> • 인간 존엄성과 평등을 강조하였다.

① 대종교　② 원불교

③ 서학　④ 동학

12 박정희 정부시기에 발생한 사건으로 옳지 않은 것은?

① 부마 민주 항쟁　② 베트남 파병

③ 사사오입 개헌　④ 7 · 4 남북 공동 성명

〉〉〉〉〉〉〉〉　10.②　11.④　12.③

ADVICE

10　① 장용영 설치 → 정조
　③ 대마도 정벌 → 세종
　④ 동국지도 완성 → 세조

11　최제우는 조선 말기에 민족 종교인 동학을 창시한 초대 교주이다. 최제우는 당시를 개벽이 필요한 말세로 인식하고, 서학에 대처하고자 동학을 창시하였다. 동학은 우리의 민속신앙을 비롯해 유교와 불교, 도교까지도 포함하여 형성된 종교로, 사람이 곧 하늘이라는 평등사상으로 발전하였다.

12　① **부마 민주 항쟁** : 1979년 10월 부산 및 마산 지역을 중심으로 벌어진 박정희의 유신독재에 반대한 시위사건
　② **베트남 파병** : 1964년 9월부터 1973년 3월까지 한국 정부가 베트남 전쟁에 전투 부대를 파병하여 참전한 사건
　③ **사사오입 개헌** : 1954년 11월 국회에서 여당인 자유당이 사사 오입의 수학적 논리로 정족수 미달의 헌법 개정안을 불법 통과시킨 제2차 개헌 → 이승만 정권
　④ **7 · 4 남북 공동 성명** : 1972년 7월 4일 남북한 당국이 국토분단 이후 최초로 통일과 관련하여 합의 · 발표한 역사적인 공동성명

13 다음 설명에 해당하는 사건은?

> • 급진개화파가 주도하였다.
> • 14개조 정강을 발표하였다.
> • 청의 개입으로 실패로 끝났다.

① 임오군란   ② 갑신정변

③ 을미개혁   ④ 제1차 갑오개혁

14 다음 설명에 해당하는 신문은?

> • 1896년 서재필이 창간하였다.
> • 한글과 영문으로 발간하였다.
> • 민권의식 향상을 위해 노력하였다.

① 독립신문

② 한성순보

③ 황성신문

④ 대한매일신보

>>>>>>>> **13.**② **14.**①

13 제시된 내용은 갑신정변에 대한 설명이다.
  ① 임오군란 : 조선 고종 때인 1882년에 구식 군대의 군인들이 신식 군대에 비해 차별 대우를 받는 것에 항의하고, 민씨 정권에 반대하며 일으킨 반란
  ③ 을미개혁 : 1895년 명성황후 시해사건 이후 김홍집 내각이 추진한 근대적 개혁운동
  ④ 제1차 갑오개혁 : 제1차 갑오개혁은 정치제도의 개편을 목표로 군국기무처 주도하에 1894년 7월 27일부터 1894년 12월 17일까지 추진되었다.

14 제시된 내용은 독립신문에 대한 설명이다.
  ② 한성순보 : 1883년에 창간된 한국 최초의 근대 신문
  ③ 황성신문 : 1898년 남궁 억 등이 창간한 일간 신문
  ④ 대한매일신보 : 1904년 서울 전동에서 영국인 베델을 발행인 겸 편집인으로 하여 창간한 일간 신문

15 다음 중 가장 마지막에 발생한 사건은?

① 10 · 26 사태

② 4 · 13 호헌 조치

③ 5 · 18 민주화 운동

④ 6 · 29 민주화 선언

>>>>>>>> 15.④

ADVICE

15 ① 10 · 26 사태 : 1979년 10월 26일 서울 종로구에서 중앙정보부 부장 김재규가 대통령 박정희를 살해한 사건
② 4 · 13 호헌 조치 : 1987년 4월 13일 제5공화국 대통령 전두환이 군사독재정권 유지를 위해 일체의 개헌 논의를 중단
시키고 현행 헌법을 유지한다고 선언한 조치를
③ 5 · 18 민주화 운동 : 1980년 5월 18일에서 27일까지 전라남도 및 광주 시민들이 군사독재와 통치를 반대하고, 계엄령
철폐, 민주정치 지도자 석방 등을 요구하여 벌인 민주화 운동
④ 6 · 29 민주화 선언 : 1987년 6월 29일 대통령 후보였던 노태우 민주정의당 대표위원이 당시 국민들의 민주화와 직선
제 개헌요구를 받아들여 발표한 시국 수습을 위한 특별선언

16 국립공원이 아닌 것은?

① 한려해상 ② 다도해해상
③ 변산반도 ④ 경포

17 석회동굴에 해당하는 것을 모두 고른 것은?

㉠ 성류굴	㉡ 만장굴
㉢ 고씨굴	㉣ 김녕굴

① ㉠, ㉢ ② ㉠, ㉣
③ ㉡, ㉢ ④ ㉡, ㉣

18 단청에 쓰이는 다섯 가지 기본색으로 옳은 것은?

① 청색, 적색, 황색, 백색, 흑색 ② 청색, 적색, 흑색, 백색, 회색
③ 청색, 녹색, 흑색, 백색, 남색 ④ 청색, 자색, 황색, 회색, 남색

>>>>>>>> **16.④ 17.① 18.①**

ADVICE

16 경포 도립공원 … 강원특별자치도 강릉시에 있는 도립공원이다. 1982년 6월 26일에 도립공원으로 지정되었다. 경포도립공원의 대표 관광지로는 경포 해수욕장, 경포호, 경포대를 꼽을 수 있다.

17 자연동굴의 구분
- 석회동굴(종유굴) : 고수굴, 고씨굴, 초당굴, 환선굴, 도담굴, 관음굴, 장암굴, 성류굴 등
- 화산동굴(용암동굴) : 만장굴, 협재굴, 황금굴, 소천굴, 수산굴, 김녕사굴, 협재굴, 쌍용굴 등
- 해식동굴(파식굴, 절리굴) : 금산굴, 용굴, 오동도굴, 정방굴, 가사굴, 산방굴, 박쥐굴, 오수자굴 등

18 단청 … 목조건물에 청(靑), 적(赤), 황(黃), 백(白), 흑(黑) 등의 빛깔로 무늬를 그려서 아름답고 장엄하게 장식한 것이다.

19 축제와 개최지역의 연결이 옳지 않은 것은?

① 국제불빛축제 – 포항　　　　　　　② 막국수닭갈비축제 – 춘천

③ 품바축제 – 안성　　　　　　　　　④ 머드축제 – 보령

20 문화관광자원으로 옳지 않은 것은?

① 사적　　　　　　　　　　　　　　② 사찰

③ 민속자료　　　　　　　　　　　　④ 기후

21 24 절기(節氣)를 순서대로 올바르게 나열한 것은?

> ㉠ 입추
> ㉡ 백로
> ㉢ 상강
> ㉣ 입동

① ㉠ → ㉡ → ㉢ → ㉣　　　　　　　② ㉠ → ㉡ → ㉣ → ㉢

③ ㉡ → ㉠ → ㉣ → ㉢　　　　　　　④ ㉡ → ㉢ → ㉠ → ㉣

>>>>>>>>　**19.**③　**20.**④　**21.**①

`ADVICE`

19　③ 품바축제 – 음성

20　유형관광자원
　　㉠ 자연관광자원 : 위치, 기후, 지형, 동·식물 등
　　㉡ 인문관광자원 : 문화관광자원, 산업관광자원 등

21　24절기

계절	절기					
봄	입춘(立春)	우수(雨水)	경칩(驚蟄)	춘분(春分)	청명(淸明)	곡우(穀雨)
여름	입하(立夏)	소만(小滿)	망종(芒種)	하지(夏至)	소서(小暑)	대서(大暑)
가을	입추(立秋)	처서(處暑)	백로(白露)	추분(秋分)	한로(寒露)	상강(霜降)
겨울	입동(立冬)	소설(小雪)	대설(大雪)	동지(冬至)	소한(小寒)	대한(大寒)

22 유네스코 등재 한국의 인류무형문화유산이 아닌 것은?

① 판소리

② 강릉단오제

③ 훈민정음

④ 강강술래

23 주심포 양식으로 지어진 건축물이 아닌 것은?

① 예산 수덕사 대웅전

② 안동 봉정사 극락전

③ 영주 부석사 무량수전

④ 김제 금산사 미륵전

24 조선 궁궐과 그 곳에 소재한 건물이 올바르게 짝지어진 것은?

① 경복궁 - 낙선재

② 덕수궁 - 정관헌

③ 창덕궁 - 경회루

④ 창경궁 - 태령전

25 삼보사찰이 아닌 것은?

① 합천 해인사

② 경주 불국사

③ 순천 송광사

④ 양산 통도사

>>>>>>>>> 22.③ 23.④ 24.② 25.②

ADVICE

22 ③ 훈민정음은 학술사적으로나 문화사적인 면에서도 중요한 가치와 의의를 인정받아 1997년 10월에 유네스코 세계기록
유산으로 등재되었다.

23 ④ 금산사 미륵전 지붕은 팔각지붕으로 다포(多包)양식이다.
  ※ **주심포양식** … 주두(柱頭, 기둥머리)에만 공포(지붕의 하중을 기둥에 고르게 전달하는 부재)를 배치하는 형식으로, 고
  려 중기부터 조선 건축에서 널리 보인다. 주심포양식의 건축물 중 현존하는 것으로 예산 수덕사 대웅전(1308), 안동
  봉정사 극락전(1363), 영주 부석사 무량수전(1376) 등이 있다.

24 ① **낙선재** : 1847년에 헌종의 서재 겸 휴식을 취하는 공간으로 지어진 창덕궁의 건물이다.
  ③ **경회루** : 경복궁 근정전 서북쪽 연못 안에 세운 경회루는, 나라에 경사가 있거나 사신이 왔을 때 연회를 베풀던 곳이다.
  ④ **태령전** : 경희궁에 있는 어진 봉안소, 즉 진전(眞殿)이다.

25 **삼보사찰** … 우리나라 사찰 중 가장 중요한 삼대 사찰로, 경상남도 양산의 통도사(通度寺), 합천 가야산의 해인사(海印
  寺), 전라남도 순천의 송광사(松廣寺) 셋을 가리킨다.

 **관광법규**

26 관광기본법상 관광진흥에 관한 기본계획(이하 '기본계획'이라 함)에 관한 설명으로 옳지 않은 것은?

① 기본계획에는 관광시설의 감염병 등에 대한 안전·위생·방역 관리에 관한 사항이 포함되어야 한다.

② 기본계획은 국가관광전략회의의 심의를 거쳐 확정한다.

③ 관광진흥의 방향 및 주요 시책에 대한 수립·조정, 관광진흥계획의 수립 등에 관한 사항을 심의·조정하기 위하여 대통령 소속으로 국가 관광전략회의를 둔다.

④ 정부는 관광진흥의 기반을 조성하고 관광산업의 경쟁력을 강화하기 위하여 기본계획을 5년마다 수립·시행하여야 한다.

>>>>>>>>> 26.③

26 ③ 관광진흥의 방향 및 주요 시책에 대한 수립·조정, 관광진흥계획의 수립 등에 관한 사항을 심의·조정하기 위하여 국무총리 소속으로 국가관광전략회의를 둔다〈「관광기본법」 제16조(국가관광전략회의) 제1항〉.

27 관광진흥법상 관광 활동에 어려움이 있는 사람들이 물리적 · 사회적 장벽 없이 접근 가능한 관광을 의미하는 용어는?

① 무장애 관광 ② 관광특구
③ 관광지 ④ 여행이용권

>>>>>>>> **27.①**

ADVICE

27 「관광진흥법」 제2조(정의)

  ㉠ **관광사업** : 관광객을 위하여 운송 · 숙박 · 음식 · 운동 · 오락 · 휴양 또는 용역을 제공하거나 그 밖에 관광에 딸린 시설을 갖추어 이를 이용하게 하는 업(業)을 말한다.

  ㉡ **관광사업자** : 관광 사업을 경영하기 위하여 등록 · 허가 또는 지정을 받거나 신고를 한 자를 말한다.

  ㉢ **기획여행** : 여행업을 경영하는 자가 국외여행을 하려는 여행자를 위하여 여행의 목적지 · 일정, 여행자가 제공받을 운송 또는 숙박 등의 서비스 내용과 그 요금 등에 관한 사항을 미리 정하고 이에 참가하는 여행자를 모집하여 실시하는 여행을 말한다.

  ㉣ **회원** : 관광사업의 시설을 일반 이용자보다 우선적으로 이용하거나 유리한 조건으로 이용하기로 해당 관광사업자와 약정한 자를 말한다.

  ㉤ **소유자등** : 단독 소유나 공유(共有)의 형식으로 관광사업의 일부 시설을 관광사업자로부터 분양받은 자를 말한다.

  ㉥ **관광지** : 자연적 또는 문화적 관광자원을 갖추고 관광객을 위한 기본적인 편의시설을 설치하는 지역으로서 이 법에 따라 지정된 곳을 말한다.

  ㉦ **관광단지** : 관광객의 다양한 관광 및 휴양을 위하여 각종 관광시설을 종합적으로 개발하는 관광 거점 지역으로서 이 법에 따라 지정된 곳을 말한다.

  ㉧ **민간개발자** : 관광단지를 개발하려는 개인이나 「상법」 또는 「민법」에 따라 설립된 법인을 말한다.

  ㉨ **조성계획** : 관광지나 관광단지의 보호 및 이용을 증진하기 위하여 필요한 관광시설의 조성과 관리에 관한 계획을 말한다.

  ㉩ **지원시설** : 관광지나 관광단지의 관리 · 운영 및 기능 활성화에 필요한 관광지 및 관광단지 안팎의 시설을 말한다.

  ㉪ **관광특구** : 외국인 관광객의 유치 촉진 등을 위하여 관광 활동과 관련된 관계 법령의 적용이 배제되거나 완화되고, 관광 활동과 관련된 서비스 · 안내 체계 및 홍보 등 관광 여건을 집중적으로 조성할 필요가 있는 지역으로 이 법에 따라 지정된 곳을 말한다.

  ㉫ **여행이용권** : 관광취약계층이 관광활동을 영위할 수 있도록 금액이나 수량이 기재된 증표

  ㉬ **문화관광해설사** : 관광객의 이해와 감상, 체험 기회를 제고하기 위하여 역사 · 문화 · 예술 · 자연 등 관광자원 전반에 대한 전문적인 해설을 제공하는 사람

  ㉭ **무장애 관광** : 관광 활동에 어려움이 있는 사람들이 물리적 · 사회적 장벽 없이 접근 가능한 관광을 말한다.

28 관광진흥법령상 관광종사원 중 시·도지사가 그 자격을 취소할 수 있는 자를 모두 고른 것은?

> ㉠ 관광통역안내사
> ㉡ 국내여행안내사
> ㉢ 호텔서비스사
> ㉣ 호텔관리사

① ㉠, ㉢　　　　　　　　　　　② ㉠, ㉣
③ ㉡, ㉢　　　　　　　　　　　④ ㉡, ㉣

>>>>>>>> **28.③**

ADVICE

28 시·도지사 관할 관광종사원〈「관광진흥법 시행령」 제37조〉 … 법 제40조 각 호 외의 부분 본문에서 "대통령령으로 정하는 관광종사원"이란 다음에 해당하는 자를 말한다.
- 국내여행안내사
- 호텔서비스사

※ 「관광진흥법」 제40조(자격취소 등) … 문화체육관광부장관(관광종사원 중 대통령령으로 정하는 관광종사원에 대하여는 시·도지사)은 자격을 가진 관광종사원이 다음의 어느 하나에 해당하면 문화체육관광부령으로 정하는 바에 따라 그 자격을 취소하거나 6개월 이내의 기간을 정하여 자격의 정지를 명할 수 있다. 다만, ㉠ 및 ㉢에 해당하면 그 자격을 취소하여야 한다.
  - ㉠ 거짓이나 그 밖의 부정한 방법으로 자격을 취득한 경우
  - ㉡ 결격사유의 어느 하나에 해당하게 된 경우
    - 피성년후견인·피한정후견인
    - 파산선고를 받고 복권되지 아니한 자
    - 이 법을 위반하여 징역 이상의 실형을 선고받고 그 집행이 끝나거나 집행을 받지 아니하기로 확정된 후 2년이 지나지 아니한 자 또는 형의 집행유예 기간 중에 있는 자
  - ㉢ 관광종사원으로서 직무를 수행하는 데에 부정 또는 비위(非違) 사실이 있는 경우
  - ㉣ 법을 위반하여 다른 사람에게 관광종사원 자격증을 대여한 경우

29 관광진흥법령상 관광취약계층의 범위에 해당하지 않는 사람은? (단, 문화체육관광부장관이 고시하는 기준은 고려하지 않음)

① 「국민기초생활 보장법」에 따른 수급자

② 「국민기초생활 보장법」에 따른 차상위계층에 해당하는 사람 중 「장애인복지법」에 따른 장애수당 수급자

③ 「한부모가족지원법」에 따른 지원대상자

④ 「국민연금법」에 따른 국민연금 수급자

〉〉〉〉〉〉〉〉 29.④

29 관광취약계층의 범위〈「관광진흥법 시행령」 제41조의3〉 … 법 제47조의5 제1항에서 "「국민기초생활 보장법」에 따른 수급권자, 그 밖에 소득수준이 낮은 저소득층 등 대통령령으로 정하는 관광취약계층"이란 다음의 어느 하나에 해당하는 사람을 말한다.

　㉠ 「국민기초생활 보장법」 제2조 제2호에 따른 수급자
　㉡ 「국민기초생활 보장법」 제2조 제10호에 따른 차상위계층에 해당하는 사람 중 다음 각 목의 어느 하나에 해당하는 사람
　•「국민기초생활 보장법」 제7조 제1항 제7호에 따른 자활급여 수급자
　•「장애인복지법」 제49조 제1항에 따른 장애수당 수급자 또는 같은 법 제50조에 따른 장애아동수당 수급자
　•「장애인연금법」 제5조에 따른 장애인연금 수급자
　•「국민건강보험법 시행령」 별표 2 제3호 라목의 경우에 해당하는 사람
　㉢ 「한부모가족지원법」 제5조 및 제5조의2에 따른 지원대상자
　㉣ 그 밖에 경제적·사회적 제약 등으로 인하여 관광 활동을 영위하기 위하여 지원이 필요한 사람으로서 문화체육관광부장관이 정하여 고시하는 기준에 해당하는 사람

30 관광진흥법령상 관광지로 지정·고시된 지역에서 특별자치시장·특별자치도지사·시장·군수·구청장의 허가를 받아야 하는 사항이 아닌 것은?

① 토지분할
② 토지거래
③ 죽목(竹木)을 심는 행위
④ 인공을 가하여 제작한 시설물의 설치

ADVICE

30 행위 등의 제한〈「관광진흥법」 제52조의2 제1항〉… 관광지등으로 지정·고시된 지역에서 건축물의 건축, 공작물의 설치, 토지의 형질 변경, 토석의 채취, 토지분할, 물건을 쌓아놓는 행위 등 대통령령으로 정하는 행위를 하려는 자는 특별자치시장·특별자치도지사·시장·군수·구청장의 허가를 받아야 한다. 허가받은 사항을 변경하려는 경우에도 또한 같다.

※ 「관광진흥법 시행령」 제45조의2(행위 등의 제한) 제1항 … 법 제52조의2 제1항 전단에서 "건축물의 건축, 공작물의 설치, 토지의 형질 변경, 토석의 채취, 토지분할, 물건을 쌓아놓는 행위 등 대통령령으로 정하는 행위"란 다음의 어느 하나에 해당하는 행위를 말한다.

㉠ 건축물의 건축 : 「건축법」에 따른 건축물(가설건축물을 포함한다)의 건축, 대수선 또는 용도변경
㉡ 공작물의 설치 : 인공을 가하여 제작한 시설물(「건축법」 제2조 제1항 제2호에 따른 건축물은 제외한다)의 설치
㉢ 토지의 형질 변경 : 절토(땅깎기)·성토(흙쌓기)·정지(땅고르기)·포장(흙덮기) 등의 방법으로 토지의 형상을 변경하는 행위, 토지의 굴착(땅파기) 또는 공유수면의 매립
㉣ 토석의 채취 : 흙·모래·자갈·바위 등의 토석을 채취하는 행위(㉢에 따른 토지의 형질 변경을 목적으로 하는 것은 제외한다)
㉤ 토지분할
㉥ 물건을 쌓아놓는 행위 : 옮기기 어려운 물건을 1개월 이상 쌓아놓는 행위
㉦ 죽목(竹木)을 베어내거나 심는 행위

31 관광진흥법령상 「인구감소지역 지원 특별법」에 따른 인구감소지역에서 총면적이 20만 제곱미터인 관광단지를 지정하는 경우에 관한 설명으로 옳은 것은?

① 해당 인구감소지역을 관할하는 시 · 도지사가 지정한다.

② 사전에 관계 행정기관의 장과 협의하여야 하는 경우에 관계 행정기관의 장이 협의를 요청받은 날부터 30일 이내에 의견을 제출하지 아니하면 협의가 이루어지지 않은 것으로 본다.

③ 관광단지의 지정 후 그 면적변경을 한 경우에는 이를 고시하여야 한다.

④ 해당 관광단지는 관광호텔, 가족호텔 또는 휴양 콘도미니엄 중 관광숙박업의 등록기준에 부합하는 두 종류 이상의 숙박시설을 갖추어야 한다.

>>>>>>>> **31.③**

ADVICE

31 관광지의 지정 등〈「관광진흥법」제52조〉

㉠ 관광지 및 관광단지(이하 "관광지등"이라 한다)는 문화체육관광부령으로 정하는 바에 따라 시장 · 군수 · 구청장의 신청에 의하여 시 · 도지사가 지정한다. 다만, 특별자치시 및 특별자치도의 경우에는 특별자치시장 및 특별자치도지사가 지정한다.

㉡ 시 · 도지사는 ㉠에 따른 관광지등을 지정하려면 사전에 문화체육관광부장관 및 관계 행정기관의 장과 협의하여야 한다. 다만, 「국토의 계획 및 이용에 관한 법률」제30조에 따라 같은 법 제36조 제1항 제2호 다목에 따른 계획관리지역(같은 법의 규정에 따라 도시 · 군관리계획으로 결정되지 아니한 지역인 경우에는 종전의 「국토이용관리법」제8조에 따라 준도시지역으로 결정 · 고시된 지역을 말한다)으로 결정 · 고시된 지역을 관광지등으로 지정하려는 경우에는 그러하지 아니하다.

㉢ 문화체육관광부장관 및 관계 행정기관의 장은 「환경영향평가법」 등 관련 법령에 특별한 규정이 있거나 정당한 사유가 있는 경우를 제외하고는 ㉡ 본문에 따른 협의를 요청받은 날부터 30일 이내에 의견을 제출하여야 한다.

㉣ 문화체육관광부장관 및 관계 행정기관의 장이 ㉢에서 정한 기간(「민원 처리에 관한 법률」제20조 제2항에 따라 회신기간을 연장한 경우에는 그 연장된 기간을 말한다) 내에 의견을 제출하지 아니하면 협의가 이루어진 것으로 본다.

㉤ 관광지등의 지정 취소 또는 그 면적의 변경은 관광지등의 지정에 관한 절차에 따라야 한다. 이 경우 대통령령으로 정하는 경미한 면적의 변경은 ㉡ 본문에 따른 협의를 하지 아니할 수 있다.

㉥ 시 · 도지사는 ㉠ 또는 ㉤에 따라 지정, 지정취소 또는 그 면적변경을 한 경우에는 이를 고시하여야 한다.

㉦ ㉠에도 불구하고 지정 당시 「인구감소지역 지원 특별법」제2조 제1호에 따른 인구감소지역에 속하는 지역의 경우 문화체육관광부령으로 정하는 면적 기준에 해당하는 관광단지는 문화체육관광부령으로 정하는 바에 따라 해당 인구감소지역을 관할하는 시장 · 군수 · 구청장이 지정한다.

㉧ ㉦에 따른 관광단지의 지정, 지정취소 및 면적의 변경에 관하여는 ㉡부터 ㉥까지를 준용한다. 이 경우 "시 · 도지사"는 "시장 · 군수 · 구청장"으로, "문화체육관광부장관"은 "시 · 도지사"로 본다.

※ **관광지등의 지정신청 등**〈「관광진흥법 시행규칙」제58조 제5항〉 … 시장 · 군수 · 구청장은 법 제52조 제7항에 따라 관광단지를 지정하는 경우 해당 관광단지가 다음의 요건을 모두 갖추도록 지정해야 한다.

㉠ 화장실, 주차장, 전기시설, 통신시설 및 상하수도시설 등 공공편익시설을 관광객이 이용하기에 충분하도록 갖출 것

㉡ 관광호텔, 수상관광호텔, 한국전통호텔, 가족호텔 또는 휴양 콘도미니엄 중 관광숙박업의 등록기준에 부합하는 한 종류 이상의 숙박시설을 갖출 것

32 관광진흥법령상 서울특별시가 아닌 곳에서 관광특구를 지정하기 위한 요건이다. (　)에 들어갈 숫자를 순서대로 올바르게 나열한 것은?

> • 문화체육관광부장관이 고시하는 기준을 갖춘 통계전문기관의 통계결과 해당 지역의 최근 1년간 외국인 관광객 수가 (㉠)만명 이상일 것
> • 관광특구 전체 면적 중 관광활동과 직접적인 관련성이 없는 토지가 차지하는 비율이 (㉡)퍼센트를 초과하지 아니할 것

① ㉠ : 10, ㉡ : 10　　　　　　　② ㉠ : 10, ㉡ : 20

③ ㉠ : 20, ㉡ : 10　　　　　　　④ ㉠ : 20, ㉡ : 20

33 관광진흥법령상 관광객 이용시설업 중 사업계획승인 대상사업에 해당하지 않는 것은?

① 크루즈업　　　　　　　　② 전문휴양업

③ 관광공연장업　　　　　　④ 제2종 종합휴양업

〉〉〉〉〉〉〉〉 **32.①　33.③**

ADVICE

32 관광특구의 지정요건⟨「관광진흥법 시행령」 제58조⟩

㉠ 법 제70조 제1항 제1호에서 "대통령령으로 정하는 기준"이란 문화체육관광부장관이 고시하는 기준을 갖춘 통계전문기관의 통계결과 해당 지역의 최근 1년간 외국인 관광객 수가 10만 명(서울특별시는 50만 명)인 것을 말한다.

㉡ 법 제70조 제1항 제3호에서 "대통령령으로 정하는 기준"이란 관광특구 전체 면적 중 관광활동과 직접적인 관련성이 없는 토지가 차지하는 비율이 10퍼센트인 것을 말한다.

33 사업계획승인 대상 관광객 이용시설업, 국제회의업⟨「관광진흥법 시행령」 제12조⟩ … 법 제15조 제2항 전단에서 "대통령령으로 정하는 관광객 이용시설업이나 국제회의업"이란 다음의 관광사업을 말한다.

㉠ 전문휴양업

㉡ 종합휴양업

㉢ 관광유람선업

㉣ 국제회의시설업

※ **사업계획의 승인**⟨「관광진흥법」 제15조 제2항⟩ … 대통령령으로 정하는 관광객 이용시설업이나 국제회의업을 경영하려는 자는 제4조 제1항에 따른 등록을 하기 전에 그 사업에 대한 사업계획을 작성하여 특별자치시장·특별자치도지사·시장·군수·구청장의 승인을 받을 수 있다. 승인을 받은 사업계획 중부지, 대지 면적, 건축 연면적의 일정 규모 이상의 변경 등 대통령령으로 정하는 사항을 변경하려는 경우에도 또한 같다.

34 관광진흥개발기금법상 관광진흥개발기금의 재원에 해당하는 것을 모두 고른 것은?

> ㉠ 「관광진흥법」 제30조에 따른 카지노사업자의 납부금
> ㉡ 한국관광협회중앙회의 책임준비금
> ㉢ 「관세법」 제176조의2 제4항에 따른 보세판매장 특허수수료의 100분의 50
> ㉣ 정부로부터 받은 출연금

① ㉠, ㉡　　　　　　　　　　　　　② ㉢, ㉣

③ ㉠, ㉢, ㉣　　　　　　　　　　　④ ㉡, ㉢, ㉣

35 국제회의산업 육성에 관한 법령상 국제회의집적시설에 해당하기 위한 요건이다. (　)에 들어갈 숫자를 순서대로 올바르게 나열한 것은?

> • 「관광진흥법」 제3조 제1항 제2호에 따른 관광숙박업의 시설로서 (㉠)실(「관광진흥법」 제19조 제1항에 따라 같은 법 시행령 제22조 제2항의 4성급 또는 5성급으로 등급결정을 받은 호텔업의 경우에는 (㉡)실 이상의 객실을 보유한 시설
> • 「공연법」에 따른 공연장으로서 (㉢)석 이상의 객석을 보유한 공연장

① ㉠ : 100, ㉡ : 30, ㉢ : 300　　　　② ㉠ : 100, ㉡ : 50, ㉢ : 500

③ ㉠ : 200, ㉡ : 30, ㉢ : 300　　　　④ ㉠ : 200, ㉡ : 50, ㉢ : 500

〉〉〉〉〉〉〉〉 **34.③　35.①**

ADVICE

34 기금의 설치 및 재원〈「관광진흥개발기금법」 2조 제2항〉 … 기금은 다음의 재원(財源)으로 조성한다.
　㉠ 정부로부터 받은 출연금
　㉡ 「관광진흥법」 제30조에 따른 납부금
　㉢ 제3항에 따른 출국납부금
　㉣ 「관세법」 제176조의2 제4항에 따른 보세판매장 특허수수료의 100분의 50
　㉤ 기금의 운용에 따라 생기는 수익금과 그 밖의 재원

35 국제회의집적시설의 종류와 규모〈「국제회의산업 육성에 관한 법률 시행령」 제4조 … 법 제2조 제8호에서 "숙박시설, 판매시설, 공연장 등 대통령령으로 정하는 종류와 규모에 해당하는 시설"이란 다음의 시설을 말한다.
　㉠ 「관광진흥법」 제3조 제1항 제2호에 따른 관광숙박업의 시설로서 100실(「관광진흥법」 제19조 제1항에 따라 같은 법 시행령 제22조 제2항의 4성급 또는 5성급으로 등급결정을 받은 호텔업의 경우에는 30실) 이상의 객실을 보유한 시설
　㉡ 「유통산업발전법」 제2조 제3호에 따른 대규모점포
　㉢ 「공연법」에 따른 공연장으로서 300석 이상의 객석을 보유한 공연장
　㉣ 그 밖에 국제회의산업의 진흥 및 발전을 위하여 국제회의집적시설로 지정될 필요가 있는 시설로서 문화체육관광부장관이 정하여 고시하는 시설

36 UNWTO(세계관광기구) 분류기준에 의한 관광객은?

① 대사관이나 영사관에서 상주하는 외교관, 영사

② 공항 내 통과여객

③ 타국에서 상용목적으로 입국한 자

④ 주둔 군인

37 우리나라 관광발전사에 관한 설명으로 옳지 않은 것은?

① 1945년 일본 여행사인 JTB를 인수하여 우리나라 최초의 여행사인 한국여행사가 설립되었다.

② 1970년대에는 외국인관광객을 유치하기 위하여 경주 보문단지나 제주 중문단지와 같은 대규모 관광단지 개발을 시작하였다.

③ 1989년에 국민 해외여행 완전 자유화가 실시되었다.

④ 1998년에 금강산관광이 시행되었다.

〉〉〉〉〉〉〉〉 **36.**③　**37.**①

ADVICE

36 UNWTO(세계관광기구) 분류기준은 많은 국가에서 관광 통계자료의 기준으로 삼고 있다. 관광객, 방문자, 당일관광객으로 분류하고 그 외에 관광에서 제외되는 자로 구분하여 국제관광객에 대해 세부적으로 분류한다.
　㉠ **관광객** : 타국에서 국경을 넘어 유입되어 방문국에서 24시간 이상 체재하는 방문객으로서의 위락, 휴가, 스포츠, 사업, 친척·친지방문, 공적인 업무, 회의 참가, 연수, 종교, 스포츠행사 참가 등의 목적으로 여행하는 자
　㉡ **방문자** : 자기의 통상거주지가 아닌 국가를 방문하는 외국인, 해외에 거주하는 국민, 승무원(방문국의 숙박시설 이용자) 등
　㉢ **당일관광객**(excursionist) : 방문객 중 방문국에서 24시간 미만 체재하는 자(선박여행객, 당일방문자, 선원, 승무원 등)

37 ① 1945년 일본 여행사인 JTB를 인수하여 우리나라 최초의 여행사인 조선여행사가 설립되었다.

38 로마시대 관광발전요인이 아닌 것은?

① 도로망의 정비
② 숙박시설의 증가
③ 치안의 유지
④ 여행알선업의 등장

39 다음 설명에 해당하는 것은?

> 국가유산 집적지역을 중심으로 국가유산과 지역의 특색있는 역사문화자원을 연계·활용한 관람, 체험, 공연, 전시 등 야간 특화프로그램

① 문화야행
② 야간관광
③ 관광두레
④ 국가유산야행

40 국제기구의 약자가 올바르게 짝지어진 것을 모두 고른 것은?

> ㉠ ASTA – 아시아여행업협회
> ㉡ UIA – 국제협회연합
> ㉢ ICAO – 국제항공운송협회
> ㉣ PATA – 아시아태평양관광협회

① ㉠, ㉡
② ㉠, ㉢
③ ㉡, ㉢
④ ㉡, ㉣

>>>>>>>> **38.**④ **39.**④ **40.**④

ADVICE

38 ④ '현대 여행산업의 시작점'으로 불렸던 최초의 여행사 '토마스 쿡(Thomas Cook)'이 설립된 것은 1841년이다.
  ※ **로마시대의 관광** … 기술·경제·정치적으로 뛰어난 발전과 더불어 고대 로마는 역사적으로 가장 관광이 활발한 시기였다. 공화정과 제정 양시대를 통한 국가의 법체제가 정비되고 사회적·정치적으로 안정기를 맞이하여 관광의 번성기를 이루었다.

39 **국가유산야행** … 국가유산 집적지역을 중심으로 국가유산과 지역의 특색있는 역사문화자원을 연계·활용한 관람, 체험, 공연, 전시 등 야간 특화프로그램으로, 전주국가유산야행, 경주국가유산야행 등이 대표적이다.

40 ㉠ ASTA : American Society of Travel Agents, 미주여행업자협회
  ㉢ ICAO : International Civil Aviation Organization, 국제민간항공기구

41 관광진흥법령상 국내외를 여행하는 내국인 및 외국인을 대상으로 하는 여행업은?

① 종합여행업
② 일반여행업
③ 국내외여행업
④ 국외여행업

42 여행사의 기본적 기능에 해당하지 않는 것은?

① 상담기능
② 예약·수배기능
③ 판매기능
④ 여권발급기능

>>>>>>>>> 41.① 42.④

ADVICE

41 여행업의 종류〈「관광진흥법 시행령」 제2조(관광사업의 종류 제1항 제1호)〉
　㉠ **종합여행업** : 국내외를 여행하는 내국인 및 외국인을 대상으로 하는 여행업[사증(査證)을 받는 절차를 대행하는 행위를 포함한다]
　㉡ **국내외여행업** : 국내외를 여행하는 내국인을 대상으로 하는 여행업(사증을 받는 절차를 대행하는 행위를 포함한다)
　㉢ **국내여행업** : 국내를 여행하는 내국인을 대상으로 하는 여행업

42 ④ 여권 발급은 외교부의 기능이다.
　※ **여행사의 기능**
　㉠ **대리 업무 기능** … 대리와 이용 알선을 포함하는 기능이다. 여행사에 의해서 대리되는 법인 또는 개인으로서 항공사, 철도 및 버스회사, 렌터카와 호텔 및 음식점 등 이용을 대리·알선하여 주는 기능으로 항공권·열차표 등의 교통기관이용권과 숙박권 등을 대매하는 것이 이에 속한다.
　㉡ **서비스 업무 기능** … 일반적으로 여행에 대하여 충분한 지식을 가지고 있지 못한 여행객에게 필요한 각종 정보를 제공하고 여행 상담을 해 주는 것을 말한다. 여행객이 요구하는 제반 사항을 수배하여 주거나 여행객의 요구에 응하여 안내를 수행하여 주는 등 여행객에게 필요한 각종 서비스를 제공하는 기능을 말한다.
　㉢ **판매 업무 기능** … 시장조사를 통하여 여행객의 선호나 욕구를 파악하고 그에 부합한 여행 상품을 생산하고 적정이윤을 가산해서 경쟁력 있는 가격을 정해 여행객에게 판매하는 기능을 말한다.

43 우리나라 카지노(Casino)에 관한 설명으로 옳은 것은?

① 현재 전국에서 운영되고 있는 카지노는 20개이다.

② 외국인 전용 카지노와 내국인 출입 카지노가 있다.

③ 서울특별시, 제주특별자치도, 강원특별자치도 및 6대 광역시에서 운영되고 있다.

④ 카지노는 총매출액에 관계없이 동일한 관광진흥개발기금이 징수된다.

44 호텔의 어원과 개념에 관한 설명으로 옳은 것은?

① 호텔(hotel)은 라틴어 hostium에서 유래되었다.

② 호텔(hotel)은 연금생활자 전용 숙박시설이다.

③ 호텔은 17세기 영국의 그랜드투어(Grand Tour)를 위해 등장한 청소년 숙박시설이다.

④ 병원(hospital)과 호텔(hotel)은 같은 어원에서 파생되었다.

>>>>>>>> **43.② 44.④**

ADVICE

43 ①③ 우리나라 카지노업체 현황(2025년 기준)
- 서울(3) : 파라다이스카지노, 세븐럭카지노 강남코엑스점, 세븐럭카지노 서울드래곤시티점
- 부산(2) : 세븐럭카지노 부산롯데점, 파라다이스카지노 부산지점
- 인천(2) : 파라다이스카지노, 인스파이어카지노
- 대구(1) : 호텔인터불고 대구카지노
- 제주(8) : 드림타워카지노, 랜딩카지노, 세븐스타카지노, 파라다이스카지노 제주, 공즈카지노, 제주썬카지노, 제주오리엔 탈카지노, 메가럭카지노
- 강원(2) : 알펜시아카지노, 강원랜드카지노(내국인 가능)

④ 카지노사업자는 총매출액의 100분의 10의 범위에서 일정 비율에 해당하는 금액을 「관광진흥개발기금법」에 따른 관광 진흥개발기금에 내야 한다〈「관광진흥법」 제30조(기금 납부) 제1항〉.

44 ①④ 호텔(hotel)의 어원은 '심신을 회복한다'는 뜻의 라틴어 호스피탈레(hospitale)에서 유래했다.

② 펜션은 '연금'을 뜻하는 'pension'에서 온 것으로 1640년대 프랑스에서 연금생활자들이 자기 집 빈방을 싼값에 임대해 주고 수익을 얻으면서 숙박시설로 불린 것에서 유래한다.

③ 유스호스텔의 창시자는 독일인 교사 리하르트 쉬르만으로, 그는 저서 『젊은이의 여행—초등학교 호스텔』에서 자연을 체험하기 위해 건전한 숙박시설이 필요하다고 주장하면서 1910년 알테나에 있는 자신의 학교에 처음으로 유스호스텔 을 열었다.

45 관광진흥법령상 관광객 이용시설업을 모두 고른 것은?

<table>
<tr><td>㉠ 전문휴양업</td><td>㉡ 종합휴양업</td></tr>
<tr><td>㉢ 관광유흥음식점업</td><td>㉣ 관광극장유흥업</td></tr>
</table>

① ㉠, ㉡

② ㉠, ㉢

③ ㉡, ㉢

④ ㉡, ㉣

46 다음 설명에 해당하는 것은?

- 개별자유여행
- 국내·외 여행을 할 때 여행안내사(Guide)의 도움을 받지 않고 여행 하는 것

① ICT(Inclusive Conducted Tour)

② FIT(Foreign Independent Tour)

③ FCT(Foreign Conducted Tour)

④ IIT(Inclusive Independent Tour)

>>>>>>>> **45.① 46.②**

ADVICE

45 관광객 이용시설업의 종류〈「관광진흥법 시행령」 제2조 제1항 제3호〉
  ㉠ 전문휴양업
  ㉡ 종합휴양업 : 제1종 종합휴양업, 제2종 종합휴양업
  ㉢ 야영장업 : 일반야영장업, 자동차야영장업
  ㉣ 관광유람선업 : 일반관광유람선업, 크루즈업
  ㉤ 관광공연장업
  ㉥ 외국인관광 도시민박업
  ㉦ 한옥체험업

46 안내 조건 및 안내원 유무에 의한 분류
  ㉠ IIT(Inclusive Independent Tour) : 여행 출발 시 안내원이 함께 동반하지 아니하고 각 관광지에서만 안내원이 나와서 관광 안내 서비스를 하는 여행
  ㉡ ICT(Inclusive Conducted Tour) : 안내원이 전 여행 기간을 동반하며 안내하는 방법으로 단체여행에 많은 형태
  ㉢ FIT(Foreign Independent Tour) : 안내원을 동반하지 않고 외국 여행자가 개별적으로 하는 자유 여행
  ㉣ FCT(Foreign Conducted Tour) : 여행 시작부터 끝까지 안내원이 동행하는 여행

47 관광진흥법령상 관광사업에 관한 설명으로 옳은 것은?

① 국제회의업에는 국제회의시설업과 국제회의기획업이 있다.

② 테마파크업에는 종합테마파크업, 소규모테마파크업, 일반테마파크업이 있다.

③ 관광편의시설업은 업종별 관광협회에서 지정한다.

④ 관광숙박업은 호텔업과 관광호텔업으로 구분된다.

48 마케팅 환경분석 중 'SWOT분석'에 관한 설명으로 옳지 않은 것은?

① SO전략은 기회를 활용하기 위해 강점을 사용하는 전략이다.

② ST전략은 위협을 회피하기 위해 강점을 사용하는 전략이다.

③ WO전략은 약점을 극복함으로써 기회로 활용하는 전략이다.

④ WT전략은 위협을 활용하여 약점을 강화하는 전략이다.

〉〉〉〉〉〉〉〉 **47.① 48.④**

ADVICE

47 ② 테마파크업에는 종합테마파크업, 일반테마파크업, 기타테마파크업이 있다.

③ 관광 편의시설업을 경영하려는 자는 문화체육관광부령으로 정하는 바에 따라 특별시장·광역시장·특별자치시장·도지사·특별자치도지사 또는 시장·군수·구청장의 지정을 받아야 한다〈「관광진흥법」 제6조(지정) 제1호〉.

④ 관광숙박업은 호텔업과 휴양 콘도미니엄업으로 구분된다.

48 SWOT 분석

내부요인 외부요인	S(strength, 강점)	W(weakness, 약점)
O(opportunity, 기회)	SO 전략 강점을 무기로 기회를 살리는 전략	WO 전략 약점을 보완해 기회를 살리는 전략
T(threat, 위협)	ST 전략 강점을 무기로 위협을 줄이는 전략	WT 전략 약점을 보완해 위협을 줄이는 전략

49 테마파크(Theme Park)에 관한 설명으로 옳지 않은 것은?

① 전체를 통합하는 테마와 스토리가 중요하다.

② 입장객의 체류시간은 수익과 관련이 없다.

③ 건축물, 종사원의 복장, 기념품 등이 테마와 조화되고 통일된 이미지가 창출된 곳이다.

④ 다양한 이벤트나 참여 프로그램이 진행되는 곳이다.

50 제4차 관광개발기본계획에 관한 설명으로 옳은 것은?

① 기간은 2022년에서 2026년까지 5년이다.

② 비전은 '미래를 여는 관광한국, 관광으로 행복한 국민'이다.

③ 권역은 성숙지역인 수도권과 미성숙지역인 5개 권역으로 설정되었다.

④ 목표는 수도권으로의 외래관광객 유치 확대이다.

〉〉〉〉〉〉〉〉 49.② 50.②

ADVICE

49 ② 입장객이 오래 체류할수록 수익이 높아질 가능성이 크다.

50 ① 기간은 2022년에서 2031년까지 10년이다.

③ 관광권역은 5대 중추도시권 중심의 다핵구조를 중심으로 다양한 공간단위 레이어 분석을 통해 2개 이상의 광역시·도 간 연계 협력이 가능하도록 "5대(1^3+4) 광역연합관광권"과 "17개 시·도 권역"으로 설정하였다.

④ 목표는 "경계를 넘어 확장된 미래 관광개발 구현"으로 하위에 아래와 같은 내용을 담고 있다.

- 사람과 지역이 동반 성장하는 상생관광
- 질적 발전을 추구하는 스마트·혁신관광
- 미래세대와 공존하는 지속가능관광

※ 제4차 관광개발기본계획의 비전과 목표

비전	미래를 여는 관광한국, 관광으로 행복한 국민		
목표	경계를 넘어 확장된 미래 관광개발 구현		
	사람과 지역이 동반 성장하는 상생 관광	질적 발전을 추구하는 스마트혁신 관광	미래세대와 공존하는 지속가능 관광
전략	방향		6대 추진전략
	개발		매력적 관광자원 발굴
	보호		지속가능 관광개발 가치 구현
	이용		편리한 관광편의 기반 확충
	개발·관리		건강한 관광산업 생태계 구축
	보호		입체적 관광연계 협력 강화
	관리		혁신적제도 관리 기반 마련

- 관광기본법 [시행 2025. 10. 9.]
- 관광진흥법 [시행 2026. 5. 12.]
- 관광진흥법 시행령 [시행 2025. 8. 28.]
- 관광진흥법 시행규칙 [시행 2025. 10. 23.]
- 관광진흥개발기금법(약칭 : 관광기금법) [시행 2025. 10. 9.]
- 관광진흥개발기금법 시행령 [시행 2024. 7. 1.]
- 관광진흥개발기금법 시행규칙 [시행 2010. 9. 3.]
- 국제회의산업 육성에 관한 법률(약칭 : 국제회의산업법) [시행 2023. 5. 16.]
- 국제회의산업 육성에 관한 법률 시행령(약칭 : 국제회의산업법 시행령) [시행 2022. 12. 28.]
- 국제회의산업 육성에 관한 법률 시행규칙(약칭 : 국제회의산업법 시행규칙) [시행 2025. 2. 24.]
- 한국관광공사법 [시행 2023. 8. 8.]
- 한국관광공사법 시행령 [시행 2025. 1. 31.]